BERLITZ®

D1152022

PRAGUE

Une publication des Guides Berlitz

2e édition (1991/1992)
Mise à jour: 1990

Comment se servir de ce guide

- Toutes les indications et tous les conseils utiles avant et pendant votre séjour sont regroupés à partir de la page 105 sous le titre général de *Berlitz-Info*. Les *Informations pratiques* proprement dites commencent à la page 109 (leur sommaire figure en page 2 de couverture).

- *Prague et les Pragois*, page 6, et *Un peu d'histoire*, page 14, vous donnent une idée de l'atmosphère et du passé de la ville.

- Tous les sites à découvrir sont décrits de la page 26 à la page 91. Nous vous en recommandons plus particulièrement certains en vous les signalant par le petit symbole Berlitz.

- Pour vous orienter dans le monde des distractions – activités culturelles ou pour les enfants, sports, achats –, voyez les pages 91 à 97. Quant aux *Plaisirs de la table*, ils sont traités de la page 98 à la page 104.

- Un index, enfin (pp. 127–128), vous permettra de repérer immédiatement tout ce que vous recherchez.

Bien que l'exactitude des informations rassemblées dans le présent guide ait été soigneusement vérifiée, elle n'en demeure pas moins subordonnée à des fluctuations temporelles. Aussi ne saurions-nous assumer de responsabilité pour des modifications de faits, d'adresses, de prix ou d'autres éléments sujets à variations. Nos guides étant remis à jour régulièrement, nous examinerons volontiers toutes les remarques dont nos lecteurs voudraient bien nous faire part.

Texte établi par Ken Bernstein
Adaptation française: Gérard Chaillon et Jacques Schmitt
Rédactrice: Isabelle Turin
Photographie: Claude Huber; pp. 6–7, 40 Čedok/Karel Vlčvek; pp. 13, 22, 25, 58, 75, 84, 90 Čedok/Bohumil Landisch; p. 94 Čedok/Daniel Sitensky
Maquette: Doris Haldemann
Nos remerciements vont aussi aux collaborateurs de l'agence Čedok pour leur aide importante lors de la mise au point de ce guide.
Cartographie: 🅕 Falk-Verlag, Hambourg.

Table des matières

Photo de couverture: Au bord de la Vltava, à Prague.

Prague
et les Pragois

Pour embellir leurs constructions, les architectes pragois
ont recouru, depuis un millénaire, à tous les artifices ima-
ginables: arcades gothiques ou
fenêtres Renaissance, angelots
rococo ou sylphides issues de
l'Art Nouveau. La découverte
de cet incomparable paysage
urbain, témoin d'un riche
passé, vous laissera pantois.

Longtemps avant que la
«ville aux cent flèches» ait mé-
rité une telle appellation, son
site était déjà très engageant en

soi. Imaginez-vous la Vltava, limpide et large, s'insinuant au milieu du premier établissement, dans un cadre de collines boisées. C'est au XIVe siècle que la ville a commencé à s'étendre, sous le règne d'un souverain qui s'est acquis une place dans l'histoire comme potentat local d'abord, comme maître du Saint-Empire ensuite.

Des ponts anciens ou nouveaux enjambent la Vltava, qui arrose Prague de toute antiquité.

Monarque cultivé, Charles IV présida à l'élaboration d'un plan d'urbanisation grandiose, ordonné autour d'un pont qui serait aussi bien autre chose, une œuvre d'art. Durant cinq siècles, ce fut, à Prague, la seule arche à enjamber la Vltava. Celle-ci porte de nos jours bien d'autres ouvrages, mais le pont Charles est toujours là, et toujours aussi indispensable.

La capitale doit à la richesse de son passé d'attirer une foule de peintres, de photographes, d'étudiants en architecture et de simples touristes qui vont de surprise en surprise. Prague, il est vrai, s'avère encore plus belle qu'on ne saurait le dire, et le moindre ornement – tour, clocheton, pilier ou portail – présente l'image de la perfection.

Une telle surabondance de monuments aurait fort bien pu s'envoler en fumée sans la chance qui favorisa la vieille cité au cours des derniers conflits européens. Alors que, à la fin de la Seconde Guerre mondiale, les quartiers historiques de tant d'autres villes d'Europe centrale se trouvaient ravagés par les bombes, l'héritage de Prague était en grande partie préservé. Après 1945, le gouvernement tchécoslovaque a investi des fortunes dans un vaste programme de rénovation qui s'est poursuivi depuis sans désemparer.

Mais Prague offre bien autre chose que des châteaux restaurés à grands frais ou des œuvres d'art conservées dans la naphtaline. Avec sa population de 1,2 million d'habitants, cette capitale politique, commerciale et surtout culturelle bouge, respire et même s'amuse.

Pour prendre le pouls de la capitale, rendez-vous au cœur de la Prague moderne, la place Venceslas. Mêlez-vous à la foule: parents qui promènent fièrement leur progéniture dans de luxueuses poussettes, femmes bien mises qui flânent devant les vitrines de mode, conscrits rustauds qui arpentent bouche bée la «grand-ville», fonctionnaires qui trimbalent de gros portedocuments, étudiants du tiers monde et groupes de touristes soviétiques.

Héritiers d'un savoir-vivre ailleurs bien oublié, les Pragois de la jeune génération sont enclins à céder leur place à plus âgé qu'eux dans les autobus. Quelques-uns seulement seront un jour vedettes de cinéma ou champions de tennis, mais des

Ses bâtisseurs n'ont reculé devant aucune ornementation pour embellir Prague.

8

milliers fréquenteront l'université. A ce sujet, Prague possède une bonne dizaine d'établissements d'enseignement supérieur. L'Université Charles, la plus ancienne *alma mater* d'Europe centrale, ne s'enorgueillit-elle pas d'avoir été fondée en 1348 - moins d'un siècle après la Sorbonne?

Vous ne tarderez pas à vous repérer dans Prague: le Château règne sur l'horizon et un paisible quartier, le «Petit Côté», se tapit dans son ombre. La vieille forteresse, ancienne résidence des rois de Bohême, n'est nullement désaffectée: devenue le siège de la présidence de la République tchécoslovaque, elle polarise aussi l'attention des touristes. Par le pont Charles vous gagnerez la Vieille Ville, qui recèle maints trésors des époques gothique, Renaissance et baroque, puis, non loin de là, la Nouvelle Ville... fondée il y a six siècles.

Chemin faisant, prenez place à quelque terrasse de café, sinon pénétrez dans l'une de ces tavernes ou caves traditionnelles, si caractéristiques de la capitale. Nul n'a jamais autant fait pour la réputation des tavernes pragoises que le Brave Soldat Švejk. Ce sympathique héros de la résistance passive s'y entendait à embobiner les bureaucrates qui le persécutaient, et ses aventures truculentes devaient inspirer des générations de Tchèques. Comme son «père», l'écrivain pragois Jaroslav Hašek, Švejk se plaisait à passer ses soirées, voire ses journées, dans la chaude ambiance des tavernes locales.

Bien des gens, si on leur demandait de situer *Praha* sur une carte d'Europe, seraient embarrassés, tant la ville se place bien plus au nord et à l'ouest qu'ils ne l'auraient pensé: elle est même plus au nord que Paris et de loin plus à l'ouest que Vienne. Installée au cœur de l'Europe centrale, Prague n'est par autoroute qu'à 312 km de Vienne et à 347 de Berlin.

L'agglomération ne couvre pas moins de 497 km² (à comparer aux 105 km² du département de Paris). Elle englobe, il est vrai, de grands parcs, des bois et des terrains de sport, ainsi qu'un zoo aussi vaste que remarquable.

Si spacieuse que soit cette capitale, le centre en est tout aussi engorgé qu'en n'importe laquelle de nos grandes cités. Les problèmes de circulation y sont d'autant plus aigus que la priorité est accordée aux zones piétonnes et aux programmes de construction ou de rénovation d'immeubles. Et, sans arrêt, de nouvelles bâtisses sortent de terre en banlieue – succession à l'infini de grands ensembles destinés à venir à bout de la pénurie de logements.

La ville, si elle se situe «à l'ouest» sur la carte, n'en a pas moins été intégrée au bloc de l'Est pendant plus de 40 ans. La «révolution de velours» de 1989 a eu raison des drapeaux rouges et des slogans pro-prolétariens, mais certains reliquats du communisme ont de la peine à disparaître. A preuve, les marques de voitures dans les encombrements: Škodas locales, Trabants est-allemandes, Ladas et Volgas russes, autant de véhicules dont les fumées rappellent les heures de pointe moscovites.

D'autres réalisations communistes perdureront bien plus que les statues de Staline - autoroutes, installations sportives –, mais il en est une, grandiose, qui a de quoi rendre jalouse plus d'une capitale, le métro. Un moyen de transport propre, efficace, pour l'utilisation duquel un ticket, aux dernières nouvelles, coûterait trente fois moins cher qu'à l'Ouest!

Visibles ou non, les changements n'en sont pas moins tangibles et rien n'est plus étonnant que d'être le témoin journalier de l'histoire avec un grand H.

Même si les déplacements se révèlent rapides et bon marché, ne vous hâtez pas. Il fait bon marcher à Prague où chaque coin de rue ménage un nouvel enchantement: ici une châsse qui veille à un angle, là un toit fièrement redressé, ailleurs une fenêtre cubiste ou un majestueux réverbère.

Aux environs, ce sont les châteaux qui tiennent la vedette. Il faut dire que le pays n'en compte pas moins de 2 500, les plus remarquables étant ces repaires imprenables, établis par l'ancienne noblesse. Des excursions d'une journée au départ de Prague vous permettront de choisir entre cinq ou six châteaux, tous différents, parmi les plus importants. Karlštejn, le plus proche, est une merveille du XIe siècle qui fut reconstruite par les Habsbourg. Konopiště, burg gothique transformé en pavillon de chasse, est rempli de trophées glanés par l'archiduc François-Ferdinand. Une autre excursion très populaire a pour but la station thermale de Karlovy Vary (anciennement Carlsbad) avec, en route, un arrêt à Lidice, l'«Oradour tchèque».

Après le tourisme, la détente. Prague, là encore, en offre **11**

pour tous les goûts, qu'il s'agisse du théâtre, de la pantomime ou de la célèbre *Laterna Magika,* insolite spectacle multimédia. La place d'honneur revient cependant à la musique, avec les grands opéras, les concerts de la Philharmonie tchèque ou les créations de style avant-gardiste. (Prague a vu la

création de *Don Giovanni;* Beethoven et Liszt s'y sont produits; Smetana, Dvořák et Janáček s'y sont fait un nom.)

Mais vous préférerez peut-être dîner au son d'un orchestre vieux style ressassant des succès d'autrefois! Oublieux des subtilités de la nouvelle cuisine, vous attaquerez un solide rôti de

Les eaux de Carlsbad et la Prague médiévale: un corps sain et le plaisir des yeux.

porc au chou, baignant dans un jus si épais que les (inévitables) boulettes y nagent à l'aise. Libre à vous, ensuite, de finir la soirée dans un de ces cabarets où règne la plus franche gaîté, voire dans une bruyante boîte de nuit, ou au contraire dans un bar tranquille où l'eau-de-vie de fruit – tel le soleil quand il se couche sur Prague la Dorée – descend toute seule...

13

Un peu d'histoire

Avec ses hauts et ses bas, la longue histoire de Prague, souvent mouvementée, n'est pas sans évoquer la courbe de température de quelque malade au sort incertain. Aux époques où la ville subit la boude, la ville subit des creux profonds et durables; dans ses bons jours, elle connaît une incontestable grandeur.

Des figures aussi éminentes que le «bon roi Venceslas» ou l'empereur germanique Charles IV, Jan Hus et les Habsbourg défilent au gré d'une chronique souvent tragique.

Il y a bien des millénaires, il n'existait en ces lieux qu'un simple gué sur la Vltava, affluent de l'Elbe. Des outils et des bijoux de l'âge de la pierre exhumés ici ont livré bien des

La Tchécoslovaquie en bref

Géographie: Enclavée dans l'Europe centrale, la Tchécoslovaquie est bordée par la Pologne, l'Allemagne de l'Est, l'Allemagne de l'Ouest, l'Autriche, la Hongrie et l'U.R.S.S. Elle a une superficie de 127 889 kilomètres carrés. Point culminant: le pic de Gerlach dans les Hautes Tatras, 2 655 mètres.

Population: Environ 15,5 millions d'habitants. Il y a près de deux fois plus de Tchèques que de Slovaques.

Gouvernement: Dans la République fédérative tchèque et slovaque, le multipartisme remplace plus de quarante ans de régime communiste.

Industrie: Naguère liée à l'économie du Comecon, elle comprend les secteurs suivants: production d'énergie, métallurgie, automobiles, verrerie, peausserie et produits chimiques. L'agriculture produit des céréales, de la betterave sucrière et des pommes de terre.

Religion: La plupart des églises de Tchécoslovaquie appartiennent au culte catholique.

Langues: Tchèque et slovaque, langues slaves apparentées et mutuellement compréhensibles.

détails relatifs aux premiers Pragois.

Des tribus celtes se sont établies dans la région il y a bien plus de deux mille ans, précédant une peuplade germanique. Quant aux premiers Slaves – ancêtres des Tchèques –, ils arrivent à leur tour au Ve ou au VIe siècle de notre ère, choisissant pour d'évidentes raisons d'occuper les sommets des collines voisines.

Dans la seconde moitié du IXe siècle, les premières fortifications du Château sont élevées. C'est de là que vont régner les Přemyslides, dynastie aux origines mythiques qui s'éteindra en 1306.

Un saint précurseur

Le Grec Méthode passe pour avoir évangélisé les Slaves à la fin du IXe siècle, offrant en exemple au bon peuple le baptême du prince Bořivoj. Il sera canonisé, tout comme Ludmilla, la veuve de Bořivoj. Celle-ci périra victime d'une cabale montée par des païens, mais ce meurtre d'un personnage royal lui vaudra de devenir la patronne de la Bohême.

Le petit-fils de Ludmilla, premier d'une lignée de Venceslas *(Václav)*, ne tient la vedette qu'assez peu de temps, au Xe siècle. Sous son règne, une église consacrée à saint Guy est bâtie à l'intérieur du Château. Chrétien fervent, Venceslas est le premier prince tchèque à mourir «dans l'exercice de ses fonctions». Il tombe un jour dans une embuscade alors qu'il se rend à la messe. Classique affaire de famille. Le meurtrier? Un frère cadet de Venceslas, Boleslav, dit à juste titre «le Cruel».

Ce dernier s'empare du pouvoir et va le conserver près d'un demi-siècle. Pendant son règne, un marchand et voyageur arabe décrit avec admiration Prague comme un centre de commerce animé aux solides maisons de pierre. En 973, la ville devient le siège d'un évêché.

Au début du XIe siècle, l'arrière-petit-fils de Boleslav, Břetislav Ier, assoit la domination přemyslide sur la Moravie voisine. Devenu vassal de l'empereur germanique, il inaugurera des siècles d'influence «allemande». Son fils, Vratislav II, est le premier monarque à porter le titre de roi de Bohême.

La saga des Venceslas

Les cas d'homonymie abondent chez les rois, et, à cet égard, la saga des Venceslas se révèle exceptionnellement embrouillée. Venceslas Ier, le saint, n'est ainsi pas le seul à figurer à ce rang: un autre Venceslas Ier, devenu roi de Bohême en 1230, **15**

a un règne long et bénéfique. Il encourage les arts, crée les conditions d'une prospérité croissante et d'une augmentation de la population. Depuis le début du XIIIᵉ siècle, des immigrants d'origine germanique se sont établis en Bohême – et pour certains à Prague. En 1257, Otakar II fonde Malá Strana, le «Petit Côté», enclave allemande régie par la loi germanique.

Venceslas II, fils d'Otakar, se signale par ses dons de diplomate. Pourtant, il ne s'embarrasse pas de considérations diplomatiques le jour où il décide d'écarter la menace que représente pour le trône son beau-père, un vieillard qu'il fait exécuter. Grâce à la découverte d'importants gisements d'argent, l'économie est en plein essor, tandis que le *groschen* de Prague doit à sa stabilité de s'affirmer comme monnaie internationale. Mais la roue tourne, et la dynastie va s'éteindre brusquement. Au cours de l'été 1306, le fils de Venceslas II, monté sur le trône à 17 ans, est assassiné en Moravie. Le jeune Venceslas III sera ainsi le dernier des Přemyslides.

La séculaire Cathédrale Saint-Guy, au Château de Prague.

Charles le Grand

Il appartiendra à un autre Venceslas de faire de Prague une grande capitale. Jeune homme, il reçoit une bonne éducation à la cour de France. Là, il troque son nom contre celui de Charles, en hommage à sa seconde patrie. Ce prince est le fils du bouillant Jean de Luxembourg, qui règne en théorie sur la Bohême depuis 1310, mais qui, en fait, parcourt l'Europe l'épée à la main. Si Charles sacrifie son nom tchèque à la France, Jean donne sa vie pour elle: devenu aveugle, il tient néanmoins à se battre aux côtés de Philippe VI à Crécy, en 1346, au début de la guerre de Cent Ans. C'est là qu'il trouve la mort.

Le futur Charles IV ne va pas attendre d'être couronné pour prendre en main les destinées de Prague et de la Bohême. Ses relations avec l'Eglise ont toujours été cordiales, et, dès 1344, il a convaincu le pape d'ériger la capitale en archevêché. C'est sous sa direction que s'ouvre le chantier de la Cathédrale Saint-Guy, pièce maîtresse du Hradčany. En fondant la première université d'Europe centrale, Charles s'attache à inscrire le nom de Prague sur la «mappemonde de la culture». La capitale s'étend, et la fondation de la Nouvelle Ville permettra d'accueillir des immigrants en **17** provenance de toute l'Europe: des marchands, des artisans, des artistes. Prague devient, par la superficie, la quatrième ville du monde. D'autre part, le roi édifie le château de Karlštejn, aux environs, afin de mettre les joyaux de la couronne en lieu sûr. Enfin, il bâtit le pont fortifié portant son nom, bel ouvrage qui, encore aujourd'hui, constitue un trait d'union bienvenu entre la Vieille Ville et le «Petit Côté».

En 1355, le monarque, en se faisant sacrer empereur germanique à Rome, ajoute à ses titres royaux la plus prestigieuse des couronnes. De retour à Prague, il va régner sur l'ensemble de son domaine jusqu'à sa mort (1378).

Vents de réforme

La cité, devenue centre administratif de l'empire fondé par Charlemagne, ne va pas pour autant prospérer, par la faute des hommes et des événements. Venceslas IV, fils et successeur de Charles IV, ne se montre guère à la hauteur de sa tâche. Son règne verra les querelles, les révoltes et les guerres se succéder. Esprit irrésolu, Venceslas se désintéresse des problèmes lointains, voire, parfois, des crises qui agitent Prague, et le Saint-Empire finit par le déposer. A l'intérieur, le souverain est la cible d'une ou deux révolutions de palais.

Lors de la plus grave des crises qui secouent la capitale à l'époque éclatent les premières escarmouches qui préfigurent la Réforme. Prêtre, théologien et professeur, Jan Hus, en pleine Chapelle de Bethléem à Prague, met au défi l'Eglise catholique, dont il dénonce les abus, de changer de méthodes. Ses revendications se font si pressantes qu'il est excommunié, arrêté pour hérésie, puis brûlé vif à Constance, en 1415. Tant les patriotes tchèques que les réformateurs religieux – et pas seulement à Prague – ne pardonneront jamais à Venceslas IV, qui s'est pourtant d'abord montré chaud partisan des réformes, de n'avoir rien fait pour sauver Hus.

Cependant, le mouvement hussite prend de l'ampleur, bénéficiant du soutien croissant de la population, au grand effarement du Vatican. En 1419, une foule d'émeutiers occupe l'Hôtel de Ville de la Nouvelle Ville, libère les hussites emprisonnés et jette par les fenêtres les conseillers catholiques de

Place du Hradčany, une décoration en relief orne un palais Renaissance.

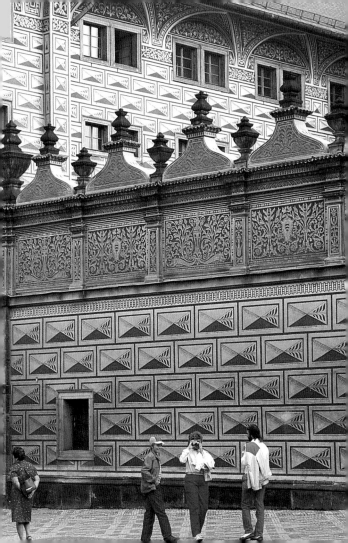

Venceslas IV. Ce qu'on appellera la «première défenestration de Prague» sera à l'origine d'une tradition durable...

Inquiet, le roi Sigismond, frère du malheureux Venceslas, lance avec les forces catholiques tchèques et leurs alliés étrangers une croisade contre les hussites. Pourtant, ceux-ci résistent: leurs bandes de paysans mal équipés, mais hautement motivés, défont Sigismond à la bataille de Vítkov et d'autres adversaires un peu plus loin. Les rebelles ont pour chef Jan Žižka, brillant soldat qui va imaginer avec deux bons siècles d'avance un genre de guerre nouveau, improvisant une artillerie mobile, montée sur des charrettes «blindées». Au bout du compte les rebelles sont écrasés, mais les Tchécoslovaques n'ont pas fini d'en célébrer complaisamment les hauts faits!

La monarchie entre en crise quand Sigismond décède sans successeur nommément désigné. Son gendre, Albrecht II de Habsbourg, qui lui succède, ne tarde pas à disparaître à son tour sans avoir connu son unique héritier, Ladislas le Posthume. Si ce dernier parvient à faire valoir ses droits, son règne tourne court: il meurt empoisonné (des recherches récentes invoquent des causes naturel-

les). L'assassin présumé, Georges de Poděbrady, personnage remuant, est appelé, malgré les soupçons qui pèsent sur lui, à succéder au malheureux Ladislas.

Georges prend fait et cause pour les hussites, en dépit du mécontentement croissant des souverains catholiques des pays voisins et de la colère de quelques papes successifs. Il est finalement excommunié et mis à l'index, circonstance qui va desservir les intérêts des Pragois. Tandis qu'un rival lui dispute le sceptre, il refuse de se démettre et s'éteint paisiblement.

Sous les Habsbourg

La Bohême, de la mort de Georges à 1526, année où les Habsbourg revendiquent le trône, est gouvernée de loin par des rois qui ne s'en occupent guère. Mais si sérieux soient-ils, les Habsbourg ont trop à faire ailleurs dans le Saint-Empire – ainsi contenir l'avancée foudroyante des troupes ottomanes – pour accomplir de grandes choses à Prague et ils s'efforcent surtout de venir à bout des graves dissensions religieuses. Le protestantisme exerce désormais une influence puissante, tandis que les Habsbourg sont des catholiques zélés. Ce que Rodolphe II, personnage excentrique, va faire de mieux pour la Bohême sera d'élever Prague au rang de capitale d'empire à la place de Vienne. Sous son impulsion, les arts et les sciences atteignent de nouveaux sommets et de splendides édifices Renaissance viennent embellir la ville. Mais cet empereur a l'esprit dérangé, et, profitant de la situation, ses propres frères s'emploient à battre en brèche son autorité. La réalisation maîtresse de son règne (1576–1612) est une «lettre de majesté» garantissant la liberté de culte à tous, catholiques ou protestants. Pourtant, un de ses successeurs, le catholique Ferdinand II, n'honorera pas ce document, attisant ainsi le conflit religieux, qui débouchera bientôt sur la guerre de Trente Ans.

L'un des premiers incidents est la seconde défenestration de Prague. Cette fois, la fenêtre fatale est celle de la Chancellerie de Bohême, au Château; les victimes, qui seront seulement blessées, sont deux lieutenants-gouverneurs et leur secrétaire, accusés de favoriser la cause protestante.

Lors de la rébellion qui s'ensuit, Ferdinand est déposé. Cependant, ses partisans se regroupent et, recevant de l'aide des quatre coins de l'empire, triomphent à la bataille de la Montagne Blanche (1620), aux portes de Prague. Rétabli sur son trône, Ferdinand fait exécuter deux bonnes dizaines de meneurs sur la place de la Vieille Ville. De même, sans s'embarrasser de subtilités théologiques, il décrète le catholicisme romain seule religion légale.

La victoire décisive de Ferdinand va bouleverser le visage de Prague; déjà frustrée de son rôle de capitale impériale, la ville sort hébétée de tant de conflits. La majorité des propriétaires terriens protestants préfèrent émigrer sous des cieux plus cléments – leurs domaines seront attribués à des partisans de Ferdinand – et ceux qui restent en sont réduits à se convertir, à l'instar de tant de Tchèques. Une architecture nouvelle s'impose: l'atmosphère médiévale de Prague s'estompe devant les extravagances de l'ère baroque, illustrée par les fastueux palais du XVIIe siècle, ainsi que par une panoplie d'églises destinées à clamer le triomphe de la Contre-Réforme.

Enfin, supplantant le tchèque, l'allemand est en usage au palais comme à la cour. Les tensions qui s'ensuivent entre Pragois de souche tchèque ou germanique se poursuivront jusqu'en plein XXe siècle.

Marie-Thérèse et son fils

Marie-Thérèse est la seule reine qui régnera jamais sur Prague. Fille, femme et mère d'empereurs germaniques, elle présente d'impérissables titres de gloire. Entre ses nombreuses obligations diplomatiques, elle trouve le temps de donner naissance à seize enfants, dont la future Marie-Antoinette. Les Pragois, il faut le dire, ne s'avèrent pas moins prolifiques: la population locale ne s'accroî-tra-t-elle pas, sous son long

La vieille et célèbre horloge astronomique de Prague indique aussi la date.

règne, de plus de 80 000 âmes? Mais nous en arrivons à l'époque de la guerre de Sept Ans... En 1757, lors de la bataille de Prague, le roi de Prusse Frédéric le Grand s'empare de la ville, mais s'en retire, appelé sur d'autres champs d'opérations. La situation semble si désespérée qu'un jour Marie-Thérèse devra se résoudre à mettre ses bijoux en gage.

Joseph II, son fils, restaure la tolérance religieuse, puis, dans la foulée, abolit le servage et la censure. Sur le plan municipal, il fond en une seule commune les quatre anciennes agglomérations: Hradčany, «Petit Côté», Vieille Ville, Nouvelle Ville. C'est la musique qui illustre le mieux l'évolution culturelle de l'époque: en 1787, Mozart dirige en personne, et en première mondiale, *Don Giovanni* dans un théâtre de Prague (l'actuel Tyl). Un succès!

Un grand foyer industriel

Dans les années 1830, la population locale atteint les 100 000 habitants. Prague est à l'époque saisie par la révolution industrielle et, dès 1846, elle est reliée par le rail à Vienne. La Bohême s'affirme bientôt comme la région manufacturière la plus avancée de l'Empire autrichien.

Une révolution d'un autre ordre éclate en 1848, marquée par l'union, contre les suzerains à Vienne, des nationalistes tchèques et de la toute jeune classe ouvrière pragoise, événement que les historiens communistes dénommèrent «révolution bourgeoise». Les autorités autrichiennes, intransigeantes, ne tardent pas à écraser le soulève-

ment – mais non à éteindre le feu latent du patriotisme tchèque. Pour l'ouverture du Théâtre national, en 1881, le premier ouvrage représenté est un opéra, *Libuše,* fresque patriotique composée par Smetana pour la circonstance. Dvořák s'inspirera aussi du folklore bohémien. Le cœur de Prague, manifestement, ne bat pas au rythme des valses viennoises!

Au XXe siècle

Dans les jours qui suivent l'assassinat à Sarajevo, le 28 juin 1914, de l'archiduc François-Ferdinand, héritier du trône des Habsbourg, le vaste Empire austro-hongrois plonge dans l'horreur de la Première Guerre mondiale. A Prague, où sévit l'état d'urgence, les jeunes gens, enrôlés dans des unités tchèques, vont se battre pour le Kaiser. En 1917, la révolution d'Octobre, qui agite la Russie, fait aussi des vagues dans l'ancienne capitale; malgré tout, le Parti communiste tchécoslovaque ne sera pas fondé avant 1921.

Née des cendres de l'Autriche-Hongrie démembrée, une République tchécoslovaque indépendante est proclamée en octobre 1918. Prague devient naturellement la capitale de cette Ire République qui englobe la Bohême, la Moravie et la **23**

Slovaquie. Le pays aura pour premier président Tomáš Masaryk, un ancien professeur de philosophie. Réélu à trois reprises, celui-ci se retire en décembre 1935. Quand il meurt, en 1937, de gros nuages noirs s'amoncellent à nouveau sur l'Europe...

La jeune Tchécoslovaquie se trouve bientôt au cœur de turbulences qui préludent à la Seconde Guerre mondiale. En septembre 1938, six mois après l'*Anschluss,* Hitler exige pour les Tchèques germanophones (Sudètes) le droit à l'autodétermination. Pour l'apaiser, à la Conférence de Munich, la France et la Grande-Bretagne «cèdent» au IIIᵉ Reich les provinces occidentales du pays, lequel va être encore amputé de territoires revendiqués par la Pologne et la Hongrie. Après quoi, le Führer menace de bombarder Prague si le reste de la Tchécoslovaquie n'est pas constitué en protectorat allemand. La capitulation de la République tchécoslovaque vaudra au pays six années d'occupation.

Une Tchécoslovaquie nouvelle
En mai 1945, la Résistance déclenche l'insurrection de Prague contre l'occupant allemand. Ses forces tiennent bon quatre jours durant jusqu'à la libération de la ville par les troupes soviétiques. Une ère nouvelle s'ouvre: un an après, les communistes recueillent près de 40% des voix aux élections parlementaires. Edvard Beneš – politicien non communiste, déjà président de 1935 à 1938 et réélu en 1945 – invite alors le vétéran communiste Klement Gottwald à former un cabinet de coalition.

Gottwald, qui avait passé les années de guerre en Union soviétique, saisit sa chance en 1948. Lorsque les ministres non communistes donnent leur démission en signe de protestation contre sa politique unilatérale, Gottwald en profite pour placer ses sbires au sein du gouvernement. Beneš, tout en affirmant vouloir éviter un bain de sang, se plie à ce remaniement. Mais il refuse de ratifier la nouvelle Constitution imposée au Parlement par les communistes et finit par se retirer. (Beneš, qui avait déjà subi deux attaques d'apoplexie, meurt de mort naturelle quelques mois après que son ministre des Affaires étrangères, Jan Masaryk, eut été défenestré; personne ne saura jamais s'il s'est jeté lui-même par la fenêtre ou s'il a été précipité.)

Devenu président du parti, Gottwald établit un plan quinquennal pour redresser l'économie du pays, réprime l'autorité ecclésiastique et effectue des purges. Nombre de personnalités politiques sont exécutées, des milliers d'autres arrêtées. Mais Gottwald est lui-même surpris par la mort en 1953, quelques jours après avoir assisté aux funérailles de son mentor, Staline. Sous Novotný, les jugements sommaires se poursuivent, les paysans sont forcés à travailler dans des fermes collectives et l'art se plie à la nouvelle tendance, le réalisme socialiste.

Bien après que les Soviets eurent cessé de vénérer Staline, on admit, au sein du parti pragois, que Gottwald avait prôné le culte de la personnalité. On réhabilita la mémoire de ses victimes les plus célèbres. (A Prague, les plus cyniques affirmaient qu'on plus facilement prédire l'avenir que le passé!)

Les années 60 voient l'éclosion d'un mouvement réformiste, conduit par Alexandre Dubček (alors à la tête du parti communiste slovaque), qui culmine avec le «printemps de Prague». Libérant la presse et les arts de la censure, Dubček promet un «socialisme à visage humain» – un projet qui est en avance de vingt ans sur son temps! Le 20 août 1968, les troupes soviétiques entrent en action (assistées des forces armées est-allemandes, polonaises, hongroises et bulgares). Au roulement des tanks sur la place Venceslas, la ville ne peut opposer que ses larmes.

Les intellectuels en révolte qui n'ont pas fui à l'Ouest sont astreints à des tâches ingrates. Dubček est assigné à résidence. Les nouveaux chefs du parti tentent, sans grand succès, de relever l'économie, mais ils maintiennent la tendance dure traditionnelle, même lorsque Moscou s'ouvre au libéralisme.

En 1989, la place Venceslas est à nouveau le théâtre de la répression: la télévision montre la police matraquant des étudiants venus manifester pacifiquement contre le régime. Mais cette fois-ci, des centaines de milliers de personnes descendent dans la rue. A l'ampleur de ce mouvement, auquel l'écrivain Vačlav Havel a donné le nom de «révolution de velours», la police n'oppose plus de résistance.

De retour sur la scène politique, Dubček est élu président d'un Parlement rajeuni, tandis que l'ex-dissident Havel, tout juste sorti de prison, est triomphalement porté à la présidence de la République. Un scénario auquel le plus optimiste des dramaturges n'aurait pas songé! **25**

Que voir

Prague, depuis Charles IV, représente la somme de quatre éléments principaux – deux de chaque côté de l'omniprésente Vltava, longtemps connue sous son nom allemand de Moldau –, doués chacun d'un caractère propre. La partie la plus riche en monuments, qui occupe des hauteurs d'où l'on domine toute la ville, est le Hradčany (Hradschin), ancien district qui correspond au Château. En contrebas s'étend le «Petit Côté» *(Malá Strana),* charmant quartier créé au milieu du XIIIᵉ siècle. De l'autre côté de la rivière, la Vieille Ville *(Staré Město)* est des mieux conservées, avec les remarquables vestiges de son ghetto. Jouxtant ce quartier, la Nouvelle Ville, ou relativement nouvelle *(Nové Město),* est riche en parcs et en jardins ainsi qu'en édifices gothiques et baroques.

Pour une première approche, rien ne vaut sans doute un tour d'orientation en car. Mais il vous faudra ensuite explorer méthodiquement la ville à pied, quartier par quartier. Une fois accompli le tour des hauts lieux de Prague, tâchez aussi de vous offrir une ou deux excursions, de manière à découvrir la Bohême et ses châteaux les plus remarquables.

Le quartier du Château

Vu de l'autre rive de la Vltava, le quartier du Château évoque une ample falaise couronnée de palais par-dessus lesquels pointent les flèches orgueilleuses de la cathédrale. Si, il y a un millénaire, les remparts étaient encore en torchis, et si une modeste chapelle en rotonde occupait le site de cette cathédrale, une chose n'a pas changé ici: le Château abrite toujours la résidence de la plus haute autorité du pays – en l'occurrence, aujourd'hui, le président de la République fédérative tchèque et slovaque.

Il est possible de pénétrer dans l'enceinte du Château par le nord, par l'est ou par l'ouest. Après avoir parcouru à pied cette enclave, les groupes en ressortent par les remparts orientaux. C'est là, grosso modo, l'itinéraire que nous suivrons au fil des prochaines pages. Procéder d'ouest en est présente d'ailleurs un avantage: cela descend tout le temps!

Un clocher élancé – au carillon composé de 27 cloches – signale le sanctuaire dénommé **Loreta** (Notre-Dame-de-Lo-

Artiste et spectateurs admirent la vue dans le quartier du Château.

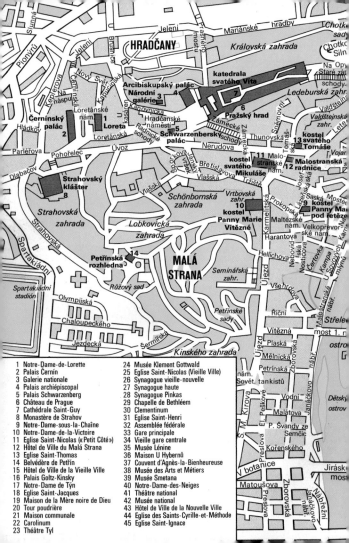

1 Notre-Dame-de-Lorette
2 Palais Černín
3 Galerie nationale
4 Palais archiépiscopal
5 Palais Schwarzenberg
6 Château de Prague
7 Cathédrale Saint-Guy
8 Monastère de Strahov
9 Notre-Dame-sous-la-Chaîne
10 Notre-Dame-de-la-Victoire
11 Eglise Saint-Nicolas (« Petit Côté »)
12 Hôtel de Ville du Malá Strana
13 Eglise Saint-Thomas
14 Belvédère de Petřín
15 Hôtel de Ville de la Vieille Ville
16 Palais Goltz-Kinsky
17 Notre-Dame de Týn
18 Eglise Saint-Jacques
19 Maison de la Mère noire de Dieu
20 Tour poudrière
21 Maison communale
22 Carolinum
23 Théâtre Tyl

24 Musée Klement Gottwald
25 Eglise Saint-Nicolas (Vieille Ville)
26 Synagogue vieille-nouvelle
27 Synagogue haute
28 Synagogue Pinkas
29 Chapelle de Bethléem
30 Clementinum
31 Eglise Saint-Henri
32 Assemblée fédérale
33 Gare principale
34 Vieille gare centrale
35 Musée Lénine
36 Maison U Hybernů
37 Couvent d'Agnès-la-Bienheureuse
38 Musée des Arts et Métiers
39 Musée Smetana
40 Notre-Dame-des-Neiges
41 Théâtre national
42 Musée national
43 Hôtel de Ville de la Nouvelle Ville
44 Eglise des Saints-Cyrille-et-Méthode
45 Eglise Saint-Ignace

Letenské sady

náb. kpt. Jaroše
nábř. kpt. Jaroše

Na ovčín

Vltava

M = Metro station

Na Františku

náb. Ludvíka Svobody

Anežský
klášter   37

U milosrdných

Bilkova

Maštalské
nám.

eleckoprůmyslové
muzeum
38   Staronová   26
           synagóga
Starý žid.   Vysoká
hřbitov   27   synagóga

STARÉ

Pinkasova
synagóga

MĚSTO

kostel
svatého   25
Mikuláše   16

palác
Goltz-Kinských

Staroměst-
ské nám.

17

kostel
Panny Marie
před Týnem

kostel
svatého   18
Jakuba

nám.
Republiky

Obecní
dům   36

U hybernů
dům

nádraží
Praha
střed   34

muzeum
V. I.
Lenina

35

Klementinum

Staroměstská
radnice
a Orloj

Karolinum

23

dům u černé   Prašná
Matky boží   brána

Čeletná

příkopě

Tylovo
divadlo

Muzeum
Klementa
Gottwalda   24

Betlémská
kaple   29

Uhelný
trh

28. říjen

Na   M.
Gorkého

kostel
svatého
Jindřicha

31

chrám Panny
Marie Sněžné   40

NOVÉ MĚSTO

Hlavní
33 nádraží

Národní
divadlo

Federální
shromáždění

Novoměstská
radnice   43

Národní
muzeum   42

32

Riegrovy
sady

kostel svatého
Cyril a Metoděje   44

Malá
Štěpánská

kostel
svatého
Ignáce   45

AU CŒUR DE PRAGUE

Pour ne pas rester... en plan	
hrad	château
kaple	chapelle
kostel	église
klášter	couvent, monastère
město	ville, cité
most	pont
muzeum	musée
nábřeví	quai
náměstí	place
palác	palais
památník	monument
ulice	rue
věž	tour
zahrada	jardin

rette), l'une des constructions baroques les plus impressionnantes de toute la ville. Une majestueuse façade du XVIIIe dissimule ce bel ensemble de bâtiments ecclésiastiques sis en bordure du Château.

La *santa casa,* réplique de la maison de la Vierge à Nazareth, trône au centre d'une cour encombrée de statues. Selon la tradition, les anges l'auraient transportée de Palestine à Loreto, en Italie. C'est une de ses nombreuses reproductions exécutées en Bohême afin de gagner les paysans à la Contre-Réforme. Mais la Loreta recèle d'autres centres d'intérêt, ainsi l'Eglise de la Nativité *(kostel Narození Páně),* petite construction du XVIIIe à la décoration fastueuse.

Le **trésor,** logé au premier étage du cloître, rassemble des objets sacerdotaux de grand prix, bien présentés à l'aide de notices en quatre langues, dont le français. La place d'honneur revient à un ostensoir incrusté de milliers de diamants, réalisé à Vienne en 1699.

Le **Palais Černín** *(Černínský palác)* étire sur une vaste place, vis-à-vis de la Loreta, sa monumentale façade baroque de 150 m de long. Elevé au XVIIe par un diplomate, cet édifice, qui a encore son élégance d'autrefois, est de nos jours le siège du ministère des Affaires étrangères.

La place du Hradčany

La Hradčanské náměstí, qui tient sa forme irrégulière du Moyen Age, conduit à l'entrée ouest du Château. Même si sa physionomie a changé au cours des siècles, cette place a conservé une abondance d'ornements d'intérêt historique. Remarquez, en particulier, la **colonne de la peste** de style baroque, élevée par les survivants (reconnaissants!) d'une épidémie, au début du XVIIIe. Longtemps auparavant, en 1547, les meneurs d'une insurrection y avaient été exécutés.

Le **Palais toscan** *(Toskánský palác),* sur le flanc ouest de la place, illustre le faste baroque du XVIIe finissant. Sa façade porte les armoiries des ducs de Toscane, qui en furent les propriétaires autrefois.

L'ancien **Palais Martinic** *(Martinický palác),* édifié en style Renaissance dans les premières années du XVIIe siècle, se signale à l'extérieur par un décor en sgraffite voué aux scènes mythologiques et bibliques. Comme ce palais, les constructions qui bordent la place abritent pour la plupart des musées ou des administrations.

Quant au **Palais archiépiscopal** *(Arcibiskupský palác),* bâti en plusieurs phases, c'est à la fin du XVIIe que lui a été conféréée son allure baroque; des ornements rococo s'y adjoignirent après coup. Le jeudi saint, le public est admis à en découvrir l'intérieur à la décoration exubérante. Derrière cet édifice, l'ancien Palais Sternberg *(Šternberský palác)* renferme les inestimables collections de la **Galerie nationale***.

Jetez enfin un coup d'œil sur l'ancien **Palais Schwarzenberg** *(Schwarzenberský palác),* gloire de l'architecture Renaissance, édifié au milieu du XVIe. Ses fenêtres changent de forme à

---

* La description des principaux musées de Prague fait l'objet d'un chapitre spécial, à partir de la page 72.

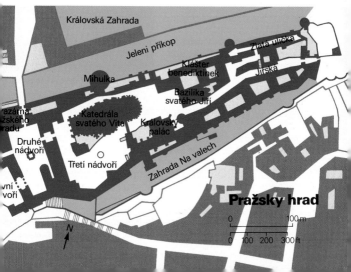

Pražsky hrad

chaque étage et sa façade est rythmée par des rangées de sgraffites simulant des bossages en pointes de diamant. Ce palais, restauré après 1945, abrite à présent le **Musée militaire.**

Le Château de Prague

Le Château *(Pražský hrad)* constitue une ville en soi, à l'exemple du Kremlin à Moscou ou de l'Alhambra à Grenade, pourtant postérieurs de plusieurs siècles. Quoi que vous fassiez, la visite de cet ensemble – qui présente un panorama de l'histoire et de l'architecture pragoises – vous obligera à beaucoup marcher.

L'entrée monumentale, sur la place du Hradčany, est flanquée par deux sentinelles gantées de blanc, au garde-à-vous. Vous remarquerez, au-dessus de leurs têtes, deux sculptures qui représentent chacune un géant occupé à terrasser quelque ennemi.

Passé le porche, vous débou-cherez dans la première cour *(první nádvoří)*, élément rapporté au XVIIIe siècle. A la **Porte Mathias** *(Matyášova brána),* arc de triomphe baroque, sur la droite des portes en verre livrent accès au siège de la présidence de la République.

La deuxième cour *(druhé nádvoří),* aménagée sur l'em-placement des douves, est beau-

coup plus vaste et plus ancienne que la précédente. Dans son angle nord-ouest se niche un petit musée moderne, la **Galerie de peinture du Château,** consacrée à quelques maîtres d'autre-fois, qui est installée dans les vieilles écuries. La **Chapelle de la Sainte-Croix** *(kaple svatého Kříže),* située au sud, recèle des

objets provenant de la cathédrale, en particulier une cotte de mailles qui aurait appartenu au «bon roi Venceslas».

C'est dans la troisième cour *(třetí nádvoří)*, la plus étendue, que s'élève la merveille du Hradčany, la **Cathédrale Saint-Guy** *(katedrála svatého Víta)*. Si la façade occidentale

Deux Titans menaçants gardent l'entrée monumentale du Château.

n'est pas sans évoquer, par sa majesté, Notre-Dame de Paris, elle est en l'occurrence de style néogothique: il est vrai qu'il aura fallu mille ans pour ache- **33** ver le plus grand sanctuaire de Prague.

Dès l'aube du Xe siècle, le prince Venceslas fit élever une première église en ces lieux. Le présent monument fut commencé sous le règne d'un empereur entreprenant, Charles IV. Le premier en date de ses architectes fut le Français Mathieu d'Arras, au XIVe siècle, auquel succédèrent l'Allemand Peter Parler, bâtisseur et sculpteur prolifique entre tous, et ses deux fils.

La **façade méridionale** illustre le travail séculaire d'artistes attachants. Vous remarquerez, au-dessus du porche, une mosaïque du XIVe très restaurée, le *Jugement dernier,* qui comprend des portraits d'époque de Charles IV et d'une de ses femmes, la reine Elisabeth de Poméranie. Levant les yeux vers la gauche, vous repérerez une grille Renaissance, filigrane couleur or apposé à une fenêtre gothique. Vous distinguerez, au-dessus, deux cloches isolées; celle du haut sonne les heures, celle du bas les quarts. Aussi délicat et complexe que du feuillage, un remplage agrémente le tout.

Des nombreuses chapelles que compte Saint-Guy, la plus belle est assurément le sanctuaire dédié à Venceslas. Peter **34** Parler en a exécuté les plans

et la décoration au milieu du XIVe. Plus près du maître-autel, un escalier relie la Chapelle de la Sainte-Croix au caveau qui renferme les tombes de divers personnages royaux éminents; les vestiges de l'église romane originelle du Xe siècle sont également visibles. En explorant la cathédrale, vous en admirerez, entre autres, l'oratoire gothique, la chaire Renaissance, les vitraux du XXe siècle.

La **Tour Mihulka** *(Mihulka),* immédiatement au nord de la cathédrale, est un reste de fortifications élevées au XVe. Cette construction est aujourd'hui un petit musée. Au rez-de-chaussée, l'histoire de la tour est présentée sous l'angle militaire; à l'étage, une exposition traite des sciences et techniques de la Renaissance. Au sous-sol, enfin, une collection de pièces de fonte rappelle qu'au XVIe le bâtiment servit de fonderie.

Le **Palais royal** *(Královský palác)* atteste le souci de grandeur qui animait les bâtisseurs de l'époque médiévale. Résidence des rois de Bohême jusqu'au XVIe siècle, il fut ensuite, sous les Habsbourg, transformé en bureaux et en entrepôts.

A l'intérieur, la **Salle Vladislav** *(Vladislavský sál),* royale autant par le style que par les dimensions, fut commencée en 1493. Artisan d'un tel chef-d'œuvre, Benedikt Ried devait être ensuite armé chevalier. Cette salle, qui passe pour la plus grande pièce réalisée à la fin du Moyen Age au sein d'un édifice profane, est si vaste qu'il pouvait s'y tenir des tournois réunissant jusqu'à cent cavaliers! De nos jours, les touristes redescendent par les rampes tournantes réservées jadis aux chevaux. Quant aux voûtes à croisées d'ogives, qui s'élèvent à 13 m du sol, elles ajoutent à la splendeur du décor. Représentez-vous dans ce cadre auguste, la foule des sujets respectueux ou les nobles réunis en assemblée plénière.

Pendant deux ou trois siècles, la province fut administrée depuis la **Chancellerie de Bohême** *(Česká kancelář)*, communiquant avec la Salle Vladislav. En 1618, un événe-

Les trésors de la Cathédrale sont pieusement exposés dans la Chapelle de la Sainte-Croix.

ment sensationnel eut lieu dans la seconde salle, plus petite: la défenestration de deux gouverneurs et de leur secrétaire (voir p. 21). La hauteur, vous le constaterez, est considérable, mais ils atterrirent sur... un tas de fumier!

De l'autre côté de la Salle Vladislav, et en diagonale,

La Cathédrale dominant le Château met son sceau sur le classique panorama de Prague.

s'ouvre l'ancienne **Salle de la Diète** *(Stará sněmovna)*. La Cour suprême s'y réunissait autrefois. Aux murs figurent les portraits de souverains Habsbourg.

Fondée au début du Xe siècle, la **Basilique Saint-Georges** *(bazilika svatého Jiří)* passe pour la plus vieille église subsistant à Prague. Derrière sa façade baroque de couleur ocre, donnant sur la place Saint-Georges, nul ne se douterait que se cache une église

romane restaurée d'attachante manière. Le sanctuaire renferme le tombeau de son fondateur, le prince Vratislav, et celui de Boleslav II le Pieux. Ses peintures murales, qui datent du XIIIe, sont les plus anciennes qui existent à Prague. Attenant à l'église, l'ancien **Couvent de Saint-Georges** *(Jiřský klášter)* date lui aussi du Xe siècle. Premier couvent fondé en ce pays, il fut fermé par l'empereur Joseph II en 1782. Rattaché à présent à la Galerie natio-

nale, il abrite l'incomparable **Collection de vieil art tchèque.**

Enfin, avant de quitter le Château, ne manquez pas de parcourir la **Ruelle d'or** *(Zlatá ulička).* C'est une impasse étroite dont les irrésistibles maisonnettes aux teintes pastel drainent des grappes de photographes, au point que vous aurez du mal à les éliminer de vos cadrages! Ces «maisons de poupées», bâties à l'intérieur du rempart, étaient au XVIe siècle occupées par les archers chargés d'assurer la défense du Château. Par la suite, divers artisans s'y installèrent, parmi lesquels des orfèvres, d'où le nom de la ruelle. La plupart de ces maisonnettes ont été transformées en boutiques de souvenirs.

Le Monastère de Strahov 🕴

Niché parmi les grands arbres qui coiffent la hauteur, au sudouest du district du Château, il est un très bel ensemble architectural, le Monastère de Strahov *(Strahovský klášter).* Fondé en 1140, pour les prémontrés qui venaient de se constituer en ordre, le sanctuaire en bois primitif céda bientôt la place à une construction romane plus importante, qui devait être la proie des flammes. Lui succédèrent alors des bâtiments gothiques, puis Renaissance, **37** entièrement reconstruits ensuite en style baroque. Néanmoins, quelques précieux éléments originels ont subsisté.

Strahov se révèle remarquable non seulement par ses deux églises baroques (dont l'une a été agencée en salle d'expositions), mais aussi par sa somptueuse **bibliothèque.** L'intérêt de celle-ci va au-delà de ses centaines de milliers de volumes: non moins impressionnants sont les plafonds cintrés et les stucs. Il existe en fait deux collections, l'une pour la philosophie, l'autre pour la théologie, qui dépendent désormais du **Musée de la littérature nationale.** Vous vous demanderez comment on réussissait à gravir les échelles des si hautes bibliothèques de la Salle philosophique, tant le coup d'œil sur les fresques du plafond a de quoi donner le tournis!

Le «Petit Côté»

Pour le charme baroque, aucun autre quartier de Prague ne saurait rivaliser avec le «Petit Côté» *(Malá Strana),* dont la découverte procure un ravissement sans mélange. S'élevant d'abord insensiblement à partir de la Vltava en direction du Hradčany, ce quartier est le **38** plus ancien de la ville après

celui du Château. Ses rues, en effet, ont été tracées au milieu du XIIIᵉ, en particulier sous Otakar II, souverain qui encouragea des immigrants allemands à s'établir en ces lieux. Mais le «Petit Côté» ne paraît guère son âge, ses monuments ayant presque tous été la proie des flammes au Moyen Age. Tout le quartier a d'ailleurs été reconstruit en style Renaissance, puis en baroque, style auquel il doit sa séduction toute de noblesse et d'intimité.

Le Malá Strana médiéval était un quartier patricien où les nobles et les dignitaires étrangers – soucieux de vivre à l'ombre du Château et de son royal occupant – élevèrent leurs demeures. Le coin se couvrit peu à peu de palais fastueux, de places élégantes, de jardins tranquilles et d'églises dignes de paroissiens aussi distingués.

Nous commencerons dans cette section par explorer le Malá Strana en partant des quais de la Vltava: une approche d'autant plus attrayante qu'il s'agira d'abord de franchir le plus beau des ponts de Prague, bâti au XIVᵉ siècle.

Le pont Charles, ouvrage d'art, lieu de rendez-vous... et musée de sculpture.

Le pont Charles

Dans l'esprit de l'empereur germanique Charles IV, l'ouvrage en question n'avait qu'un intérêt utilitaire: ses sujets avaient besoin d'un passage en pierre solide et hors de portée des crues. En 1870, la construction, appelée jusque-là «pont de Prague» ou «pont de pierre», fut rebaptisée *Karlův most,* en l'honneur de son clairvoyant bâtisseur. Auparavant, le robuste ouvrage gothique avait reçu ces ornements baroques qui en font une œuvre d'art saisissante.

Le pont Charles, par suite de divers problèmes survenus en cours de construction ou de reconstruction, n'est pas tout à fait droit et sa chaussée s'infléchit légèrement çà et là. Assez large en théorie pour être ouvert à la circulation automobile, il est heureusement réservé aux piétons. Alors profitez-en pour y flâner et jouir à loisir du coup d'œil sur le pont lui-même et sur le paysage urbain alentour.

En venant de l'est (côté Vieille Ville), vous aborderez le pont Charles par une **tour** gothique dont l'aspect massif

Un peu de travers, le pont Charles conduit à la Vieille Ville. **41**

Des numéros… d'adresses

A Prague, les immeubles présentent pour la plupart une double numérotation bien en vue. Chacun porte d'abord une plaque bleue, qui indique l'adresse. Ainsi, si vous cherchez le 24 de la rue Untel, la plaque bleue qui y figure logiquement sur le bâtiment qui suit le N° 22. Mais il arrive aussi que le 22 en question porte une grande plaque rouge sur laquelle vous lirez peut-être 19, tandis que le 24 porte un 162 en rouge! Ce numéro indique l'ordre d'inscription au registre foncier. Autrement dit, plus le numéro en rouge est petit et plus l'immeuble est ancien. Vous le voyez, il n'y a pas de quoi se taper la tête contre les murs…

devait faire réfléchir d'éventuels assaillants. Peter Parler, l'architecte auquel Prague doit cette innovation, a également exécuté les statues de ses commanditaires, Charles IV et Venceslas IV (représenté assis), ainsi que celle de saint Guy sous le patronage duquel le pont est placé.

En tout, trente **statues** – ou groupes sculptés –, quinze de chaque côté, bordent le pont. Elles datent pour l'essentiel des XVIIIe et XIXe siècles, hormis quelques-unes qui sont des copies modernes, et chacune a son histoire. C'est ainsi que, sur le côté droit, la Crucifixion présente une grande inscription hébraïque du XVIIe, réalisée aux frais d'un riche israélite accusé de blasphème. De même, vers le milieu, la plus ancienne statue, un bronze coulé en 1683, honore la mémoire d'un martyr local, saint Jean Népomucène, qui avait été noyé en cet endroit sur l'ordre de Venceslas IV, trois siècles plus tôt. Ce prêtre fut exécuté pour une faute politique: lors d'un différend entre son archevêque et le roi, il prit fait et cause pour son supérieur.

Plus loin, sur l'autre parapet, une touchante statue du XVIIIe représente sainte Lutgard embrassant les plaies du Christ. Enfin, l'un des derniers groupes sur la gauche offre la vision terrifiante de captifs chrétiens que surveille un geôlier turc armé d'un cimeterre et d'un fouet barbelé.

Dans certaines des niches ménagées sous les sculptures, des artistes nous proposent sous la forme de peintures et de dessins leur propre vision du pont et de la ville. Toute cette activité n'est pas nouvelle, et l'endroit a toujours constitué un point de rencontre, idéal pour les affaires.

La rive gauche

A la tête ouest du pont veillent deux tours gothiques reliées par une arche, la **Porte du Malá Strana;** l'ensemble fut commencé à la fin du XIIᵉ siècle. C'est de là que part la **rue Mostecká,** étroite voie commerçante que bordent de belles constructions baroques. Elle faisait autrefois partie de la route Royale, qu'empruntaient les processions lors des couronnements. Un petit crochet sur votre gauche vous permettra de découvrir la rue Lázeňská, qui mène à un quartier aussi élégant que tranquille. Remarquez le Nᵒ 6, un ancien hôtel, maintenant assez lugubre, où logè-

Armés de leurs globes, Charles IV et saint Guy gardent le pont.

rent Pierre le Grand et Chateaubriand. Et le Nᵒ 11, où un bas-relief représentant Beethoven signale que ce géant de la musique y séjourna en 1796.

Une croix de Malte surmonte l'**Eglise Notre-Dame-sous-la-Chaîne** *(kostel Panny Marie pod řetězem),* ancienne basilique fondée au XIIᵉ qui a appartenu à l'ordre hospitalier bien connu. Les palais baroques qui donnent sur la **place des Chevaliers de Malte** *(Maltézské náměstí)* abritent une **43** bibliothèque, le **Musée des instruments de musique,** l'ambassade du Japon et un cabaret.

Aussi curieux que cela puisse paraître, le secteur de **Kampa** correspond à une île très basse, séparée du Malá Strana par un étroit bras de la Vltava, dont l'eau actionnait jadis des moulins. Si aucun édifice, ici, ne mérite le titre de «monument», Kampa, grâce à la plupart de ses maisons baroques, baigne dans une atmosphère empreinte de dignité et de bon goût, qu'accentue encore une profusion de verdure.

Si les carmélites purent faire choix autrefois de la rue Karmelitská pour y établir un couvent, le bruit qui règne à présent dans cette artère animée ferait fuir les adeptes d'une vie contemplative! L'**Eglise Notre-Dame-de-la-Victoire** *(kostel Panny Marie Vítězné),* commencée en 1611, est la plus ancienne construction baroque de la capitale. Lieu de culte protestant à l'origine, elle passa bientôt aux carmélites déchaussées. Ce n'est pas son architecture qui attire les touristes par cars entiers, mais sa **statuette** de l'«Enfant Jésus de Prague». Apportée d'Espagne au milieu du XVIᵉ siècle, cette image en cire, soigneusement habillée et parée d'une couronne sertie de pierreries, est protégée par une vitrine. On trouve des copies du fameux *Bambino di Praga* dans maintes églises catholiques, et les pèlerins affluent de partout, notamment des pays latins, pour vénérer la statuette originale.

Les hauts de Prague

De différents quartiers, vous apercevrez une silhouette inattendue qui évoque la Tour Eiffel. Cette «version locale», qui, en hauteur, ne fait pas le quart de son modèle, ne manque pas d'allure malgré tout, du fait que la colline de Petřín lui sert de socle. Le **Belvédère de Petřín** *(Petřínská rozhledna),* tel est son nom, fut érigé à l'occasion de l'Exposition industrielle de 1891; il a donc deux ans de moins que son illustre «grande sœur». Signe des temps, il a été lui aussi coiffé d'un émetteur de télévision.

Toujours dans le parc de Petřín, vous remarquerez un observatoire, trois églises vénérables et un labyrinthe de glaces, souvenir de l'Expo de 1891.

Pour accéder à Petřín, bien des Pragois préfèrent prendre le funiculaire *(lanová dráha).* La station inférieure est à deux pas à l'ouest d'Újezd; vous la repérerez en suivant les flèches rouges disposées dans cette rue fort animée.

La place du Malá Strana

Après vos flâneries dans le secteur piétonnier du Château, peut-être ne vous sentirez-vous guère attiré par la principale place du quartier, **Malostranské náměstí,** où tourne le carrousel enfiévré de la circulation. Mais que cela ne vous empêche pas d'apprécier le cachet des beaux vieux bâtiments à arcades qui la bordent.

Saint-Nicolas *(kostel svatého Mikuláše),* dont le dôme massif et le clocher dominent la place, est la plus grande église baroque de Prague. Son architecte est le Bavarois Christoph Dienzenhofer; ce dernier mort, à 71 ans, son fils Kilian Ignace, bâtisseur talentueux, reprit le flambeau tout en améliorant le projet. Destiné aux jésuites, l'édifice devait étaler la puissance de l'ordre après le triomphe de la Contre-Réforme. Or, à peine fut-il achevé que les jésuites furent dispersés par Clément XIV; il fut alors ravalé au rang de simple église paroissiale, ce qu'il est toujours.

L'intérieur présente une somptueuse anthologie d'art religieux, dont le fleuron est constitué par les **fresques** du plafond, parmi les plus vastes (1500 m²) qui se puissent voir en Europe. Illustrant des scènes de la vie de saint Nicolas, elles sont dues à Jan Lukáš Kracker.

A remarquer aussi la fresque de la coupole, peinte par Francis Xavier Palko. Pour faire contraste avec les statues de saints géantes au centre de la nef, le crucifix du maître-autel est tout petit. L'église recèle d'autre part diverses peintures et statues dignes d'admiration.

Sur la place, devant Saint-Nicolas, s'élève une belle «colonne de la peste», que cernent des véhicules garés au petit bonheur. On en doit l'érection aux survivants de l'épidémie de 1715. Derrière l'église, l'autre secteur de la place, bien plus animé, est bordé d'immeubles cossus que relie une arcade. Remarquable est l'**Hôtel de Ville du Malá Strana** *(Malostranská radnice),* haut lieu de la vie pragoise, bâti en style Renaissance tardif, au début du XVIIe siècle, sur l'emplacement de l'hôtel de ville primitif (XVe). Au nord de la place, vous verrez la Maison Smiřický *(dům Smiřických),* où se réunirent les conspirateurs qui organisèrent l'insurrection de 1618, dont le premier acte fut la seconde défenestration de Prague.

L'**Eglise Saint-Thomas** *(kostel svatého Tomáše),* à l'angle de la place, a fait au début du XVIIIe l'objet d'une «baroquisation» dont le mérite revient à Kilian Ignace Dienzenhofer. Quant aux deux Rubens de **45** l'autel, œuvres puissantes qui représentent saint Thomas et saint Augustin, ce sont en fait des copies; les originaux figurent à la Galerie nationale.

La rue Letenská, qui conduit à l'arrière du palais le plus fastueux de Prague, donne accès au vaste et splendide **jardin Wallenstein** *(Valdštejnská zahrada)*, qui est ouvert au public de mai à septembre. Dessinée à l'aube du XVIIe, cette fantaisie dans le goût baroque italien était primitivement destinée à impressionner le voisinage. Gageons que cet objectif fut atteint! Des statues ponctuent la grande allée; il s'agit là encore de copies, les originaux – dus à un sculpteur hollandais expatrié, Adrian de Vries – ayant été emportés en Suède pendant la guerre de Trente Ans. L'immense palais, conçu par des architectes italiens, est présentement occupé par le ministère de l'Education.

L'homme qui fit bâtir un tel édifice, le général Albrecht Wenzel Eusebius von Wallenstein (ou Waldstein), devait connaître une fin tragique. Devenu richissime à la suite de son mariage avec une opulente veuve tchèque, détenteur de pouvoirs considérables, il ambitionnait de s'approprier le trône de Bohême. L'empereur Ferdinand II, trouvant que son général avait les dents longues, en ordonna l'assassinat en 1634. Longtemps après, le grand Schiller évoqua la «résistible ascension» de notre héros dans sa trilogie dramatique *Wallenstein* (1798–1799).

La Vieille Ville

Depuis le haut Moyen Age, l'importance stratégique du site de Prague, au cœur de l'Europe, s'est imposée à tous, amis ou ennemis. A l'époque où les rois de Bohême se barricadaient dans leur château, un commerce encore embryonnaire animait déjà l'autre rive de la Vltava, à la croisée des axes d'échanges traditionnels tissés entre l'est, l'ouest, le nord et le sud de l'Europe. Tout cela quelques siècles à peine avant que ce marché grouillant de monde ne devienne une grand-place pleine de noblesse d'où rayonne un lacis de rues historiques. La Vieille Ville *(Staré Město)* recèle trop de merveilles, médiévales ou baroques, pour une seule visite, et la place en question constitue le point de départ obligé de tout itinéraire.

En attendant les mariés, à l'Hôtel de Ville de la Vieille Ville.

46

Au centre de la Vieille Ville

Vaste espace de forme irrégulière, la **place de la Vieille Ville** *(Staroměstské náměstí)* offre un spectacle ébouriffant. Placez-vous au milieu et vous croirez que les plus belles rues de toute l'Europe convergent vers vous. Les constructions alentour, qui rivalisent de beauté au superlatif, diffèrent jusque dans les moindres détails – toit, fenêtres ou portes – et leurs couleurs relèvent d'une palette peu conventionnelle mais non moins harmonieuse: mandarine ou pistache, pomme d'api ou citron vert. Pour ne pas vous égarer dans le centre de Prague, repérez-vous sur deux groupes de tours qui pointent au-dessus de ce quartier peu accidenté. Ces tours jumelles hérissées de tourelles, à l'est, appartiennent à Notre-Dame de Týn, tandis que le beffroi gothique de l'Hô

Les flèches de Notre-Dame de Týn manqueraient à la Vieille Ville

tel de Ville se dresse à l'angle sud-ouest de la place.

Si l'architecture ne suffit pas à retenir votre attention, considérez aussi les grands événements – «manifs», proclamations, exécutions, marches triomphales ou silencieuses – qui se sont déroulés sur ces pavés.

Le regard, en direction du nord, est accroché par l'imposant **monument** de Jan Hus, élevé en 1915 à l'occasion du 500e anniversaire de la mort du grand réformateur, brûlé vif pour hérésie. L'inscription proclame que «la Vérité prévaudra»...

L'**Hôtel de Ville de la Vieille Ville** *(Staroměstská radnice),* commencé au XIVe siècle, a connu une extension par étapes conditionnée par la croissance de la ville en taille comme en importance. Il s'agrandit aux dépens des maisons voisines; adjonctions et modifications se poursuivirent jusqu'au siècle passé. Toutefois, en raison des dégâts subis au cours de la Seconde Guerre mondiale, son aile orientale doit encore être restaurée.

La grande attraction de l'Hôtel de Ville est de toute évidence son **horloge astronomique** du XVe siècle. A l'approche de chaque heure, la foule s'assemble en attendant que les person-nages, sur la façade du beffroi, interprètent l'inépuisable mystère de la mort et de la foi; finalement, un coq y va de son cocorico. Au-dessous, un cadran d'une folle complexité donne l'heure et retrace les mouvements du soleil et de la lune (encore censés graviter autour de la terre), tout en présentant les signes du zodiaque. Le cadran inférieur, lui, symbolise les mois à l'aide de peintures. Le spectacle terminé, libre à vous de vous joindre à une visite guidée de l'édifice (durée: une petite demi-heure). Dedans, ce sont les **salles d'apparat**, où règne une atmosphère digne du XVe, qui retiendront votre attention, avec leurs plafonds tarabiscotés, leurs peintures murales et leurs tapisseries. De nos jours, l'Hôtel de Ville est surtout utilisé pour des expositions.

Accotée à l'Hôtel de Ville, sur la gauche, la **Maison A la minute** *(dům U Minuty),* remarquable construction Renaissance, est décorée de sgraffites à thèmes bibliques et mythologiques. D'une niche d'angle, un lion de pierre du XVIIIe siècle surveille la place.

Au nord-est de *Staroměstské náměstí,* l'ancien **Palais Goltz-Kinský** date du milieu du XVIIIe, mais ses sous-sols révèlent des vestiges romans. Réus- **49** site architecturale exceptionnelle, ce palais – avec les statues qui agrémentent son toit et les ornements rococo de ses fenêtres – abrite désormais les collections d'art graphique de la Galerie nationale.

Notre-Dame de Týn *(kostel Panny Marie před Týnem)* a manifestement bien résisté aux outrages des ans. Certains murs sont à l'extérieur adornés de pierres de toutes tailles et de toutes formes. Cet édifice gothique fut en fait bâti au milieu du XIVe sur l'emplacement d'une construction romane. De cette paroisse acquise aux idées réformatrices avant même qu'un Jan Hus ait secoué l'Eglise établie, la Contre-Réforme fit un bastion de la foi catholique.

Hérissées de tourelles, les deux tours de Týn, qui ont 80 m de haut, furent érigées aux XVe et XVIe siècles. Le portail nord, plus ancien encore, présente un tympan sculpté à la fin du XIVe par l'atelier très prolifique de Peter Parler. L'intérieur est rempli d'œuvres d'art baroques. Vous remarquerez en face du maître-autel un **relief** dédié à Tycho Brahé (1546–1601), ainsi que le tombeau de cet astronome danois de la cour de Rodolphe II. Brahé fut l'un des phares de la science médiévale, ce qui ne l'empêcha pas de soutenir que le soleil tournait autour de la terre...

Le quartier possède une autre église intéressante: **Saint-Jacques** *(kostel svatého Jakuba),* fondée en 1232, mais qui doit son style fleuri à la fin du XVIIe. Cette église donnant sur une ruelle, au nord-est de Týn, vous manquerez de recul pour embrasser du regard ses stucs pleins de fantaisie, exécutés par un artiste italien, Ottavio Mosto. L'intérieur, expression du baroque le plus débridé, frappe par ses dimensions. Sachez aussi que Saint-Jacques est réputée pour son acoustique; une grand-messe avec orchestre et chœur y est célébrée le dimanche.

Une voie chargée d'histoire, la **rue Celetná**, à présent réservée aux piétons, mène à la place de la Vieille Ville à la place de la République. Cette rue était autrefois sur le chemin des cortèges de couronnement se rendant de la Tour poudrière au Château. Elle est bordée de nobles demeures anciennes, d'allure baroque pour la plupart, qui toutes mériteraient d'être examinées d'un peu près tant elles présentent d'ornements propres à charmer l'œil: pignon à volutes, fenêtre de

Le monument restauré le moins ancien: l'hôtel Paris, de 1907.

forme insolite, peinture murale, statue ou écusson.

Témoin de la belle époque, un immeuble à cinq étages de style cubiste, d'une veine qu'on croirait baroque, ne semble pas déplacé dans la rue Celetná. Qui plus est, cette **Maison de la Mère noire de Dieu** *(dům U černé Matky boží),* immeuble de bureaux qui tire son nom d'une statue installée dans une niche d'angle, soutient la comparaison avec n'importe quelle architecture contemporaine. Ses grands oriels et son toit mansardé s'avèrent particulièrement séduisants.

La **Tour poudrière** *(Prašná brána),* de style gothique tardif, tire son nom de la poudre à canon qui y était stockée jadis. Mais l'Europe ne la connaissait guère quand la première tour fut bâtie sur ce site, vers la fin du XIIIe siècle; celle-ci faisait partie à l'origine des fortifications de la Vieille Ville. La présente construction, qui chevauche une porte monumentale, atteint 65 m de haut; commencée en 1475, elle fut rénovée au XIXe. Le week-end et les jours fériés, le public a accès (moyennant un droit d'entrée modique) à un escalier en vis aussi traître qu'exigu. Si vous vous en ressentez, gravissez les 180 et quelques marches qui mènent **52** au faîte. Vous jouirez de là-

haut d'un coup d'œil tous azimuts sur les flèches de Prague.

Bien différente se révèle la **Maison communale** *(Obecní dům hlavního města Prahy),* qui flanque la Tour poudrière. Elevée dans la première décennie de ce siècle, elle représente une particulière réussite de l'Art Nouveau. Elle sert de cadre à toutes sortes de manifestations et il y règne une ambiance pleine de nostalgie. Cet édifice occupe l'emplacement de l'ancienne Cour royale.

Juste derrière la Maison communale et la Poudrière se situe le grand magasin le plus important de la capitale: Kotva (l'Ancre). En flânant dans ce bâtiment des années 70, vous vous ferez une idée du niveau de vie du Pragois moyen.

Deux «monuments culturels nationaux» particulièrement chers au cœur des Tchèques s'élèvent dans la **rue Železná** (d'un mot qui signifie «fer»), autre voie historique partant de la place de la Vieille Ville. Citons d'abord le **Carolinum** *(Karolinum),* siège de l'université à laquelle Charles IV, qui la fonda en 1348, a attaché son nom. Hus en fut recteur. Après son martyre, elle devint un foyer de résistance contre l'Eglise catholique.

L'élément le plus séduisant des vestiges du bâtiment primitif est l'élégant **oriel** qui surplombe la chaussée. Tout aussi imposante s'avère la salle de réunion du XVIIᵉ, qui se signale par la hauteur de ses plafonds. Le reste du Carolinum remonte pour l'essentiel au XVIIIᵉ siècle.

Autre monument culturel national, le **Théâtre Tyl** *(Tylovo divadlo),* avec sa façade néoclassique, fournit un cadre historique aux plus fastueuses manifestations. Depuis sa construction, dans les années 1780, cette scène a plusieurs fois changé de nom. Son actuelle appellation honore la mémoire de Josef Kajetán Tyl, qui, dans la première moitié du siècle passé, a été l'initiateur du théâtre en langue tchèque. C'est ici que fut créé *Don Giovanni,* en 1787. Mozart, qui en dirigea personnellement la première, avait passé une nuit blanche à en écrire l'ouverture...

L'ancien carmel de la rue Rytířská, vaste bâtiment d'allure baroque, renferme à présent la **Maison de la science et de la culture soviétiques** *(Dům sovětské vědy a kultury).* Il y a aussi là, outre une boutique de souvenirs riche en disques et en *matriochka,* un restaurant pour les amateurs de caviar, de *bliny* et de vodka. De l'autre côté de la rue, un palais néo-Renaissance (fin XIXᵉ) abrita une

Une architecture tridimensionnelle

En ce pays, l'architecture cubiste a fleuri au tout début du siècle. En dépit de réalisations originales et variées au possible, elle n'eut qu'une fortune éphémère. C'est, en espèce, la Maison de la Mère noire de Dieu qui en représente l'exemple le plus connu. Mais il existe, Nábřeží Bedřicha Engelse 26, au bord de la Vltava, une autre construction cubiste superbe, une ancienne villa aujourd'hui redistribuée en plusieurs appartements. L'effet tridimensionnel et quasi sculptural que ménage sa façade se retrouve transposé dans divers éléments de l'ornementation intérieure.

Un grand immeuble d'appartements - réalisé par le même architecte, Joseph Chochol - occupe un site accidenté, à un angle de rues (Neklanova 30), dans Vyšehrad. Comme Prague ne tarda pas à adhérer au modernisme, rares furent en fait les projets cubistes à sortir des planches à dessin...

banque avant de loger le Musée Klement Gottwald, qui évoquait la vie et l'œuvre du premier président communiste de Tchécoslovaquie. Avec l'avènement du nouveau «printemps de Prague», ce musée a été définitivement fermé. **53**

Josefov

Créé au Moyen Age, l'ancien ghetto de la capitale – rebaptisé Josefov, c'est-à-dire «Ville de Joseph», en l'honneur de l'empereur Joseph II – fut rasé à la fin du siècle dernier dans le cadre d'audacieux travaux d'urbanisme. D'imposants vestiges ont toutefois subsisté, ce qui fait de la visite du quartier l'un des temps forts de tout séjour à Prague. Ont ainsi survécu quelques synagogues et un cimetière des plus curieux, au cœur d'un secteur sur les ruines duquel des immeubles Art Nouveau ont été implantés. L'arrière du **Musée des Arts et Métiers** donne sur l'ancien ghetto.

L'histoire de la communauté israélite de Prague a pu être reconstituée à partir du milieu du Xe siècle. Bâtie au XIIe, la première synagogue de la ville ne tarda pas à brûler, et ce coup du sort préfigurait bien d'autres vicissitudes: incendies, lois restrictives, pogroms, en alternance avec des périodes de liberté et de créativité toutes relatives. Au cours de la guerre de 39–45, l'immense majorité des juifs pragois fut anéantie, conformément aux sinistres plans d'Hitler. Or, ironie du sort, de précieux monuments allaient se trouver préservés, le Führer voulant procéder à un inventaire des dépouilles de ses victimes. Dans son esprit, ces reliques étaient à étudier comme «curiosités historiques», après la «solution finale»...

La principale artère de l'ancien ghetto, **Pařížská třída** (avenue de Paris), s'avère assez élégante. Rassemblant les sièges des grandes compagnies aériennes et diverses agences de tourisme, elle semble attirer aussi les boutiques chic. Cette avenue mène tout droit de la place de la Vieille Ville à la Vltava; vous remarquerez juste en face – de l'autre côté de la rivière qu'elle domine – une plate-forme démesurée qui émerge des jardins de Letná. Revêtu de mosaïques, ce socle portait naguère, jusqu'à certaine nuit de 1962, une statue géante de Staline, qui commandait un panorama incomparable sur la rive droite et Saint-Guy, sur la rive gauche.

A l'autre bout de l'avenue, en bordure de la place de la Vieille Ville, l'**Eglise Saint-Nicolas** *(kostel svatého Mikuláše)*, à ne pas confondre avec celle du Malá Strana (voir p. 45), est affectée au culte hussite. Cet édifice présente une somptueuse ornementation baroque, témoignant des talents de Kilian Ignace Dienzenhofer.

A l'intersection des rues Kaprová et Maiselova, le **buste** de Franz Kafka signale la maison où il naquit en 1883. Mieux

Vivants et morts n'ont guère de place à l'Ancien Cimetière juif.

connu en Occident qu'en son pays, Kafka, il est vrai, écrivait en allemand. Des romans cauchemardesques comme *Le Château* et *Le Procès* ne furent traduits en tchèque que bien après sa mort, survenue en 1924. L'importance officiellement reconnue à son œuvre au sein de la littérature mondiale a toujours reflété les revirements de l'idéologie. Kafka fut mis à l'index par les communistes en 1948 et dans les années 60 pour ses idées sur l'aliénation.

L'écrivain repose dans le Nouveau Cimetière juif. Si vous n'êtes pas un passionné de son œuvre, vous vous rendrez plutôt à l'**Ancien Cimetière juif** *(Starý židovský hřbitov),* dont l'entrée se situe dans U starého hřbitova. Là, vous découvrirez, sous de vieux arbres nonchalamment inclinés, quelque 12 000 pierres tombales, toutes **55**

de guingois, dans un incroyable enchevêtrement. Au fil des siècles, la place faisant défaut, on dut ensevelir les morts sur plusieurs niveaux et empiler les stèles. La plus ancienne pierre, qui porte le nom du lettré Avigdor Karo, date de 1439, la plus récente de 1787. Si vous suivez une visite guidée, on vous expliquera les inscriptions hébraïques les plus colorées et les plus significatives. Ne manquez pas de jeter un coup d'œil sur le tombeau du fameux rabbin Löw (XVIe siècle). De cet humaniste, la postérité a retenu qu'il était le «père» du Golem, prototype de la créature de Frankenstein.

Située à l'est du cimetière, la **Synagogue vieille-nouvelle** *(Staronová synagóga)* doit son nom étrange au fait qu'elle était à la fois nouvelle par rapport à la première synagogue ouverte à Prague et ancienne par rapport aux suivantes. C'est l'une des cinq ou six synagogues historiques qui composent le **Musée national juif** *(Státní židovské muzeum)*. Un toit plongeant agrémenté de gâbles gothiques en brique caractérise cette construction du XIIIe, d'une taille trompeuse. Pour y entrer, descendez quelques marches. De

L'horloge de l'Hôtel de Ville juif marque le temps à l'envers.

hautes voûtes ogivales coiffent une double nef originale, où des offices sont toujours célébrés. Aux XVIIe et XVIIIe siècles, des galeries furent ajoutées à l'intention des femmes. Voyez aussi l'étendard offert par Charles IV aux juifs de Prague en 1358 (et restauré au XVIIIe siècle).

En face, la **Synagogue haute** *(Vysoká synagóga)* est l'une des réalisations dues à un maire de la ville juive au XVIe, Mordecai Maisel. La salle de culte, rectangulaire, abrite à présent une exposition relative à l'histoire des arts et métiers juifs. Edifice baroque de couleur rose attenant à la synagogue, l'**Hôtel de Ville juif** *(Židovská radnice)* est surmonté d'un beffroi. Remarquez la grande horloge, où les heures sont figurées par des lettres hébraïques. De même que l'hébreu s'écrit de droite à gauche, les aiguilles tournent à l'envers!

Au fond du cimetière, la **Synagogue Pinkas** *(Pinkasova synagóga),* en cours de restauration, était au XVIe siècle un temple familial. Agrandie et embellie, elle allait devenir un lieu de culte élégant. Après 1945, les noms de 77 297 victimes du nazisme ont été gravés sur ses murs, à l'intérieur.

Plus poignante encore, l'exposition présentée dans l'ancienne **Salle de cérémonie** *(bývalá obřadní síň),* près de l'entrée du cimetière. Là, une collection de peintures et de dessins exécutés au camp de Theresienstadt par des enfants, au début des années 40, évoque la tragédie de ces artistes en herbe, dont la plupart devaient mourir à Auschwitz en 1944.

Autres monuments de la Vieille Ville

La **Chapelle de Bethléem** *(Betlémská kaple)* est hantée par le souvenir de l'influent théologien Jan Hus. Il s'agit en fait d'une reconstitution de la salle dans laquelle le précurseur de la Réforme énonça ses thèses révolutionnaires. Le bâtiment

devint après son supplice le bastion du mouvement hussite, avant d'échoir aux jésuites lors de la Contre-Réforme. De la construction primitive du XIVe siècle, il ne restait pas grand-chose lorsqu'on décida de la rebâtir, dans les années 50. Néanmoins, quelques inscriptions authentiques ont été restaurées.

Ce sont les jésuites qui édifièrent le **Clementinum** *(Klementinum),* ensemble de bâtiments si formidable que pour le construire – de 1653 à 1720 environ – il fallut raser tout un quartier. La façade baroque qui borde la rue Křižovnická, pourtant monumentale, ne donne qu'une faible idée de ses dimensions réelles. Pour vous en convaincre, déambulez de cour en cour. Dominant le tout, une tour donne prosaïquement l'heure, tandis que la seconde, l'«Observatorium», a permis à plus d'un astronome de faire ses premières armes, au début du XVIIIe siècle. De nos jours, le Clementinum renferme le riche fonds de la Bibliothèque nationale de Tchécoslovaquie, à savoir des livres par millions et de précieux incunables par milliers.

L'éclat d'un manuscrit enluminé à la Bibliothèque nationale.

En face de la tour qui commande le pont Charles à l'est, l'**Eglise Saint-Sauveur** *(kostel svatého Salvátora)* relevait autrefois du Clementinum. Mais elle est plus ancienne, sa construction ayant débuté en 1578. Cet édifice grisâtre de style Renaissance, plus engageant au-dedans qu'au-dehors, a fait à l'époque baroque l'objet de diverses retouches pleines d'exubérance.

L'**Eglise Saint-François-Séraphin** *(kostel svatého Františka Serafinského),* qui donne sur la place Křižovnické, fut élevée entre 1679 et 1689 par l'architecte français Jean-Baptiste Mathey. Son dôme imposant donne le ton à cette noble construction. A l'intérieur, la coupole porte une fresque gigantesque représentant le *Jugement dernier.*

Un **monument** majestueux trône au beau milieu de la petite place: une statue de l'empereur Charles IV, élevée en 1848, à l'occasion du cinquième centenaire de l'Université Charles.

Parvenu en ces lieux, vous vous sentirez irrésistiblement attiré par le pont Charles (voir p. 41), ne serait-ce que pour pouvoir contempler la romantique Vltava d'un peu plus près. Un autre centre d'intérêt touristique dans le voisinage est le Musée Smetana. **59**

La Nouvelle Ville

Quoique presque tous les monuments du Moyen Age aient disparu, la Nouvelle Ville *(Nové Město)* de Prague est bien plus ancienne qu'on ne le croirait. Elle fut fondée par Charles IV en 1348 afin de désencombrer le cœur historique de la cité. Le quartier devint rapidement un centre commercial prospère. Avec ses hôtels et ses restaurants, ses théâtres et ses magasins, la Nouvelle Ville est la partie de Prague la plus animée et des zones piétonnes ajoutent encore au plaisir de sa découverte.

La place Venceslas

Plutôt qu'une esplanade, la place Venceslas *(Václavské náměstí)* est un boulevard planté d'arbres, modeste réplique pragoise des Champs-Elysées. Trouvez-vous une chaise à la terrasse d'un des cafés faisant face à la place (appelée à l'origine le Marché aux Chevaux) et regardez s'y promener tout Prague.

Hôtels, magasins, bureaux et de nombreuses salles de cinéma bordent le boulevard, qui est large de 60 mètres. Presque tous les immeubles furent élevés ou transformés au XXe siècle; il en est qui sont de sur-prenants exemples des styles Art Nouveau et constructiviste.

En bas de la place, la rue dénommée **Na příkopě** sépare la Vieille Ville et la Nouvelle Ville. Na příkopě, ce qui signifie «Sur le fossé», fut construite au-dessus d'un fossé médiéval marquant les limites de la commune. C'est maintenant la rue piétonne la plus animée de Prague. L'agence touristique Čedok occupe une ancienne banque au numéro 18; le Service d'information de Prague se trouve au numéro 20. Au nombre des édifices marquants de cette rue figurent plusieurs autres sièges de banques d'une solennité de style caractéristique de leurs époques.

Parallèle à Na příkopě, sans voitures, Jindřišská ulice, la rue qui partage en deux la place Venceslas, assourdit par contraste avec sa circulation d'automobiles et de tramways. La **grande poste** *(hlavní pošta)*, un palais du XIXe siècle, fut construite sur l'emplacement d'un jardin botanique du Moyen Age occupé plus tard par un couvent. Tout au bout de la rue se dresse un des vestiges les plus anciens de la Nou-

Les saints patrons de la Bohême veillent autour de Venceslas.

velle Ville, l'**Eglise Saint-Henri** *(kostel svatého Jindřicha),* commencée au XIVe siècle.

En haut de la place Venceslas, la foule se porte vers un des emblèmes de la ville les plus chers, la **statue** équestre de saint Venceslas lui-même. Ce monument du XXe siècle dédié au prince du Xe est dû au sculpteur tchèque Josef Václav Myslbek. Quatre autres saints patrons de la Bohême – Procope, Adalbert, Ludmilla et Agnès – gardent les angles de son piédestal.

Il est difficile de ne pas voir l'édifice se dressant derrière le monument, de l'autre côté de la bruyante avenue (třída Vítězného února). Cet immense palais néo-Renaissance, avec son importante coupole centrale et ses airs de grandeur, présente l'aspect d'un siège de Parlement. Mais il héberge le **Musée national** *(Národní muzeum),* fonction pour laquelle il fut construit à la fin du XIXe siècle. Le sol au-dessous du musée est maintenant percé de tunnels reliant deux lignes de métro et offrant des passages pour piétons en direction des rues et des immeubles voisins.

A côté, l'**Assemblée fédérale** *(Federální shromáždění ČSSR)* contraste par son modernisme. Avant la Seconde Guerre mondiale, une Bourse des valeurs occupait cet emplacement, mais le bâtiment était trop petit pour les besoins du Parlement. Au cours des années 1960, il fut décidé, de manière originale quoique dispendieuse, d'accroître les locaux en surhaussant la construction initiale par un second niveau. De ses immenses fenêtres, les députés ont vue sur le panorama urbain.

Deux autres bâtiments se remarquent dans la même avenue, principale artère nord-sud. Le **Théâtre Smetana** *(Smetanovo divadlo),* de style néoclassique, a été entièrement refait ces derniers temps. Il se spécialise dans les opéras tchèques. Le théâtre ne doit pas être confondu avec la Salle Smetana, où se donnent les concerts à la Maison communale, ni, d'ailleurs, avec le Musée Smetana, à côté du pont Charles. Il est évident que Prague est fière du grand compositeur qui, à l'instar de Beethoven, écrivit une part de ce qu'il y a d'impérissable dans sa musique une fois devenu sourd.

La **Gare principale** *(Hlavní nádraží)* est bien davantage qu'un endroit où on prend le train. Spécimen tout à fait grandiose du style Art Nouveau, elle date de la première décennie du XXe siècle. A l'intérieur, le niveau supérieur conserve de nombreux traits du

Un contre-ut avant l'entracte à l'intention des amateurs d'opéra, au Théâtre Smetana.

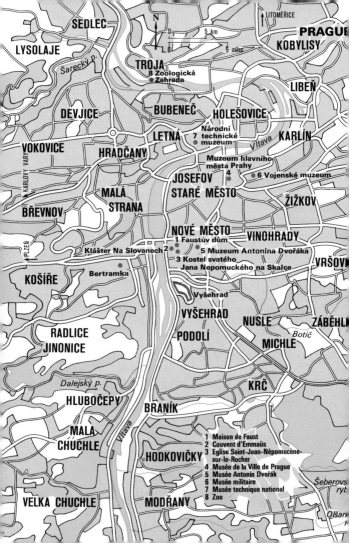

faste glorifiant la confiance en soi de l'ère de la locomotive à vapeur.

A dix minutes de marche, le plus soigneusement entretenu d'entre les vieux édifices somptueux de la rue Hybernská est le palais qui abritait naguère le **Musée Lénine.** Construit dans le style baroque au XVIIe siècle, il fut transformé plus d'un siècle après. En 1912, Lénine lui-même présida une réunion d'exilés russes ayant lieu dans cette demeure. La façade présente maintenant des bas-reliefs illustrant la vie de Lénine. Un palais semblable, plus bas dans la rue, possède des statues classiques sur son toit, mais celles qui les remplacent sur le faîte de l'ancien Musée Lénine évoquent les luttes à la manière du réalisme socialiste.

Enfin, la **Maison U Hybernů** *(dům U Hybernů),* face à la place de la République *(Náměstí republiky),* est un noble exemple du style Empire. En ce lieu se tiennent d'importantes expositions, artistiques ou techniques. U Hybernů, ce qui signifie «Chez les Hiberniens» (Irlandais), fut le site d'un monastère franciscain construit au XVIIe siècle par des moines d'Irlande. C'est dans leur jardin que poussèrent les premières pommes de terre vues à Prague.

A l'ouest de la place Venceslas

Perdue dans l'enclos d'un monastère au milieu de la ville, l'**Eglise Notre-Dame-des-Neiges** *(chrám Panny Marie Sněžné),* étroite et extrêmement haute, fut fondée au XIVe siècle par Charles IV. En dépit de ses dimensions impressionnantes, elle n'atteignit jamais la taille prévue à l'origine par les bâtisseurs de l'époque gothique. Une mosaïque de la *Vierge avec l'Enfant,* sur la façade sud, rappelle l'art des églises byzantines; il y a à l'intérieur un superbe autel baroque. Cette église fut un foyer du mouvement hussite au XVe siècle, quand le fougueux prêtre Želivský y prêcha. Ce fut lui qui dirigea en 1419 l'attaque de l'Hôtel de Ville de la Nouvelle Ville, au cours de laquelle eut lieu la première des fameuses défenestrations de Prague.

Entre ici et le fleuve, l'**avenue Nationale** *(Národní třída)* fut une artère essentielle pendant plus de deux siècles. Comme Na příkopě, cette rue séparant la Vieille Ville et la Nouvelle Ville suit le tracé d'un fossé. Des bâtiments de tout genre bordent l'avenue, depuis des palais baroques jusqu'aux cubes de verre des constructions modernes. Parmi ces dernières, la plus importante par la taille **65** est le grand magasin Máj (prononcer meï).

Edifice le plus monumental de l'avenue Nationale, le **Théâtre national** *(Národní divadlo)* est un ouvrage néo-Renaissance de la fin du XIXe siècle. L'architecte, Josef Zítek, dut s'adapter à l'exiguïté d'un espace irrégulier. Sa réussite suscita une admiration quasi unanime. Un mois avant la soirée d'inauguration, en 1881, la toiture prit feu et l'incendie ne laissa debout que les murs; la foule afflua à ce spectacle, mais non les pompiers de la ville, tous se trouvant assister à un enterrement. Lors de la reconstruction, le nombre des places fut réduit et celui des escaliers de secours augmenté. Le théâtre fut de nouveau restauré à grands frais au cours des années 70 et 80.

La **Nouvelle Scène** *(Nová scéna),* adjonction moderne le long de la première salle d'opéra du pays, possède une surprenante façade en briques de verre. Le nouveau théâtre, conçu pour des œuvres «de poche», peut accueillir plusieurs centaines de spectateurs.

Si la place Venceslas est plutôt un boulevard, la **place Charles** *(Karlovo náměstí)* est plutôt un parc. La plus grande place de Prague, aménagée en 1348, elle servit de marché aux bestiaux et aux légumes jusqu'à sa rénovation d'un caractère plus urbain au milieu du XIXe siècle. Les pelouses du parc actuel sont émaillées de fontaines et de monuments.

L'édifice historique duquel Jan Želivský et les autres conjurés jetèrent par la fenêtre plusieurs conseillers municipaux est l'**Hôtel de Ville de la Nouvelle Ville** *(Novoměstská radnice),* du côté nord de la place. Les insurgés hussites libérèrent également certains de leurs acolytes de la prison existant dans son enceinte. Il ne reste pas grand-chose du bâtiment original du XIVe siècle après les travaux de réfection qui se sont succédé au fil des siècles.

Dans la rue Resslova, à l'ouest de la place, l'**Eglise des Saints-Cyrille-et-Méthode** *(kostel svatého Cyrila a Metoděje),* de style baroque, est dédiée aux moines du IXe siècle qui introduisirent le christianisme chez les Slaves. Elle est la cathédrale orthodoxe de Prague. Mais les traces de balles sur le mur autour de la fenêtre de la crypte n'ont rien à voir avec la religion. En 1942, six résistants tchécoslovaques moururent ici

Une note bucolique au centre de Prague: les îles de la Vltava.

au cours de l'assaut de leur cachette par les Allemands. Le groupe était l'auteur de l'assassinat du gouverneur nazi de Prague, Reinhard Heydrich, surnommé «le Bourreau». Avant le siège de l'église, les S.S. avaient déjà vengé la mort de Heydrich de diverses façons, rasant en particulier le village de Lidice (voir p. 88).

Bien située du côté oriental de la place Charles, l'**Eglise Saint-Ignace** *(kostel svatého Ignáce)* fut le sanctuaire des

Ci-dessous: Et une bouchée pour bébé! Ci-contre: Les architectes s'en sont donné à cœur joie.

jésuites. La décoration frise le rococo.

Donnant au sud de la place Charles, la **Maison de Faust** *(Faustův dům)* doit son nom à la légende du XVIe siècle exploitée par Goethe dans son illustre drame. Le lien est assez vague: la maison fut occupée par des alchimistes et les voisins soupçonnant que leurs expériences comportaient des agissements d'une singularité diabolique allèrent jusqu'à répandre la rumeur que le Dr Faust avait vendu son âme au diable sous son toit. La construction même fut d'abord une habitation Renaissance, avant de prendre un caractère baroque.

La guerre perdue de Švejk

Jaroslav Hašek était âgé de moins de 40 ans lorsqu'il mourut en 1923, laissant un chef-d'œuvre inachevé. Son livre *Le Brave Soldat Švejk* conte les inénarrables aventures d'un soldat astucieux, «déclaré faible d'esprit», qui réussit toujours à décourager la bureaucratie. Il a influencé des générations de pacifistes et de gens ordinaires opprimés aux prises avec les épreuves de la vie au XXe siècle. Et peu de livres ont aussi efficacement sapé les mythes entourant l'exaltation de la guerre.

Hašek s'inspira de son expérience personnelle. Il servit dans l'armée autrichienne pendant la Première Guerre mondiale et fut fait prisonnier par les Russes. Autre ressemblance avec son héros fictif: Hašek gagna quelquefois de l'argent en se livrant au trafic de chiens munis de faux pedigrees. Puis survint une autre duperie, celle de la guerre.

Deux flèches blanches étonnamment modernes indiquent l'ancien **Couvent d'Emmaüs** *(klášter Na Slovanech)*. Les clochetons fournirent une solution hardie au problème légué par les bombardiers américains à la fin de la Seconde Guerre mondiale lorsqu'ils décapitèrent l'église du XIVe siècle. Dans les premiers temps, ce monastère bénédictin chercha à attirer les Slaves jusqu'alors attachés à la foi orthodoxe, aussi la messe catholique fut-elle dite ici en slavon à la place du latin. Les fresques du cloître sont belles, quoique fortement restaurées.

De l'autre côté de la rue Vyšehradská par rapport au couvent, une ravissante église baroque occupe une éminence. Elle possède un nom à rallonges: **Saint-Jean-Népomucène-sur-le-Rocher** *(kostel svatého Jana Nepomuckého na Skalce)*. L'architecte Kilian Ignace Dienzenhofer, auteur de cette église, résolut le problème posé par un emplacement étroit et escarpé avec un édifice élancé à la symétrie appuyée.

C'est aussi à Dienzenhofer qu'est attribuée la **Villa Amerika,** une exquise demeure sise dans son propre petit parc, dans la rue Ke Karlovu. L'allusion à l'Amérique ne tient qu'au fait qu'il y aurait eu non loin une auberge du nom d'«America». La maison abrite maintenant le **Musée Antonín Dvořák** *(Muzeum Antonína Dvořák).* Or il se trouve que le musicien passa plusieurs années aux Etats-Unis, où il conçut sa composition la plus célèbre, la *Symphonie du Nouveau Monde.*

Après le coin, dans la rue Na bojišti, une taverne appelée **U kalicha** (Au calice) est généralement bondée de touristes venus rendre hommage à une sorte de héros de guerre. Dans cette brasserie, le personnage fictif du Brave Soldat Švejk, héros tchèque par excellence, passa maintes heures joyeuses avant d'«intervenir» dans la Première Guerre mondiale. Dans le livre, il dit à un camarade de régiment partant pour le front: «Quand la guerre sera finie, viens me voir. Tu me trouveras tous les soirs à partir de six heures au Calice...» Le créateur de Švejk, Jaroslav Hašek, en fut dans la vie réelle un client assidu.

Vyšehrad

Comme au temps de la visionnaire princesse Libuše, qui prophétisa la grandeur de Prague il y a de nombreux siècles, on jouit d'une superbe vue de la Vltava depuis le bord de la falaise à Vyšehrad. Malgré la légende qui l'associe à la princesse, la forteresse de la rive droite est une partie de la ville qui ne vient probablement qu'en second par ordre d'ancienneté. Le roi Vratislav II, délaissant le Hradčany, le château le plus ancien de Prague, s'y installa au XIe siècle. Moins d'un siècle plus tard, la cour se réinstalla de l'autre côté de la rivière. Cependant, Vyšehrad (ou Château Haut) conserva une fonction protocolaire. Les murs actuels de la forteresse furent commencés sous le règne du roi Charles IV. Il ne reste pas grand-chose d'autre qui soit d'un intérêt impérieux, hormis trois curiosités.

Le plus vieil édifice de Vyšehrad, la **Rotonde Saint-Martin** *(rotunda svatého Martina),* est une chapelle romane ronde du XIe siècle. A un moment donné, les nécessités militaires l'emportèrent sur les besoins religieux et la chapelle fut transformée en poudrière. Mais son importance architecturale fut redécouverte à la fin du XIXe siècle et la rotonde fut restaurée.

L'**Eglise Saint-Pierre-et-Saint-Paul** *(kostel svatého Petra a Pavla)* paraît remonter au Moyen Age, mais ses tours faisant office de repère sont des imitations de l'architecture gothique appartenant au XXe siècle. Plus près du sol, il subsiste d'authentiques éléments gothiques. Des mosaïques sur la façade y mettent une note orientale. La plus marquante des œuvres d'art contenues à l'intérieur est une peinture gothique de la Vierge qui date du XIVe siècle. **71**

Le **cimetière de Vyšehrad** *(Vyšehradský hřbitov)*, à côté de l'église, n'est pas ordinaire. Certains des tombeaux y sont le pendant mortuaire des demeures dont les riches bourgeois jouirent durant leur vie. Jetez un coup d'œil sur les éloquentes sculptures, les offrandes florales et les noms d'illustres personnalités tchécoslovaques, dont Dvořák et Smetana.

Au-delà du pont

Il a coulé beaucoup d'eau sous le pont depuis que Charles IV jeta ses robustes arches en travers de la Vltava. Et un certain nombre d'ouvrages plus récents se succèdent maintenant le long de la rivière, mais le pont moderne le plus original de Prague ne franchit aucun cours d'eau. Le **Most Klementa Gottwalda** enjambe commodément la populeuse vallée de Nusle. Une route à six voies occupe le niveau supérieur du viaduc, long de 500 mètres, tandis qu'une ligne de métro passe au-dessous dans sa partie bombée et émerge à l'air libre à la station de Vyšehrad.

De la station, on gagne le **Palais de la Culture** *(Palác kultury)*, le lieu de la capitale où se tiennent principalement les manifestations allant des rassemblements politiques aux concerts. La grande salle de congrès contient plus de 2 800 places. La première manifestation qui eut lieu entre les murs du palais, quand il ouvrit en 1981, fut le XVIᵉ congrès du Parti communiste de Tchécoslovaquie.

De l'autre côté de l'artère animée, le moderne gratte-ciel de l'**hôtel Forum Praha** comporte plus de 500 chambres et dispose d'installations ultramodernes. Et les touristes bénéficient de l'attrait de la première salle de jeux de Prague.

Les musées

Les musées de Prague sont consacrés à des thèmes aussi vastes que la littérature ou aussi restreints que la vie et l'œuvre d'un unique compositeur. Dans le domaine de l'art, des galeries à peine connues à l'étranger mettent en valeur une profusion insoupçonnée de tableaux précieux.

Nous présentons ci-après les principaux musées de Prague.

Bertramka est le nom de la villa où Mozart vécut en diverses occasions à la fin du XVIIIᵉ siècle, et plus particulièrement alors qu'il préparait la première de *Don Giovanni*. Situé dans un domaine boisé, le petit musée présente des partitions historiques, des lettres et des instruments de musique.

L'adresse est, comme il se doit, rue Mozartova 169, Prague 5. Les heures d'ouverture étant fantaisistes, renseignez-vous avant de vous y rendre.

Le principal bâtiment de la **Galerie nationale** *(Národní galerie)* est l'ancien palais Sternberg, presque caché derrière l'Archevêché. Il est situé Hradčanské náměstí 15, immédiatement à l'extérieur de l'enceinte du Château de Prague. Pour gagner l'entrée, suivez soigneusement les indications. La collection de vieil art européen, ce qui désigne la période du XIVe au XVIIIe siècle, exclut les artistes tchèques, qui ont droit à leur propre musée. Les peintures italiennes de la Renaissance, les icônes byzantines et russes, les œuvres rares des écoles allemande et flamande sont ce qu'il y a de plus marquant. Trois dynasties d'artistes figurent ici: les Bruegel, les Cranach et les Holbein. Une place d'honneur est accordée à la *Fête des couronnes de roses* (1506) de Dürer, considérée comme le premier portrait de groupe de l'art allemand. Pour voir Prague d'un œil neuf, arrêtez-vous devant les paysages urbains peints en 1934 et 1935 par l'Autrichien Oskar Kokoschka, dans des couleurs que vous n'auriez jamais imaginées et qui donnent de l'anima-

tion à la Vltava. De l'autre côté de la cour, au rez-de-chaussée, une précieuse collection d'art français des XIXe et XXe siècles présente la plupart des grands impressionnistes, plus des Picasso et des Braque.

La **Collection de vieil art tchèque** *(Sbírka starého českého umění)* de la Galerie nationale occupe trois niveaux de l'ancien couvent millénaire de Saint-Georges, à l'intérieur du Château de Prague. Parmi des centaines d'œuvres, en grande partie à sujets religieux, les plus extraordinaires sont un ensemble d'icônes dues à Maître Théodoric. Ces œuvres, provenant du château de Karlštejn, contiennent d'éclatantes innovations: couleurs vives, contours atténués, formes réalistes. Chez les peintres baroques tchèques, il vaut la peine de découvrir les portraits de Karel Škréta, Jan Kupecký, Petr Brandl et Anthony Kern.

Dans un coin écarté de la Vieille Ville, le Couvent de Agnès-la-Bienheureuse *(Anežský klášter)* accueille dignement entre ses murs gothiques la **Collection d'art tchèque du XIXe siècle** *(Sbírka českého emění 19. století)* de la Galerie nationale. Les tableaux exposés résument les tendances du siècle dans toute sa diversité – du romantisme au symbolisme. Le **73** rez-de-chaussée est consacré aux arts décoratifs tchèques du XIXe siècle; cristaux et porcelaines sont splendides.

La **Galerie de peinture du Château** *(Obrazárna Pražského hradu),* dans la deuxième cour du Château de Prague, présente quelques dizaines de tableaux de maîtres marquants. La collection fut commencée au XVIe siècle par l'empereur Rodolphe II, celui qui transféra sa capitale de Vienne à Prague. La plupart des tableaux de l'empereur furent emportés à Stockholm à titre de butin de guerre en 1648. Les œuvres les plus intéressantes sont ici celles de Rubens, du Tintoret, de Titien et de Véronèse.

Le **Musée Antonín Dvořák** *(Muzeum Antonína Dvořáka),* à la Villa Amerika située Ke Karlovu 20, Prague 2, honore le compositeur le plus renommé de Tchécoslovaquie. Dvořák (1841–1904) connut de nombreux honneurs de son vivant. En témoignent ici entre autres la robe et le bonnet qu'il portait lorsqu'il fut nommé docteur *honoris causa* de l'université de Cambridge en 1891. Sont également exposés ses partitions originales, sa plume d'oie, ses cannes et ses lunettes, et des souvenirs du temps où il vivait en Amérique.

74 Logé dans un palais néo-Re-

naissance donnant sur l'ancien ghetto de Prague, le **Musée des Arts et Métiers** *(Uměleckoprůmyslové muzeum),* 17, Listopadu 2, Prague 1, célèbre le talent des maîtres tchèques de la cristallerie, de la porcelaine et de la sculpture sur bois. L'importance de la bière dans cette société est confirmée par la présence d'énormes chopes décorées des XVIe et XVIIe siècles. Arrêtez-vous aussi devant les réalisations de l'horlogerie, de l'ébénisterie et de la reliure.

Un ancien couvent, le Monastère de Karlov, dans la Nouvelle Ville, abrite le **Musée du Corps de la Sécurité nationale** *(Muzeum SNB a vojsk MV).* Cette insolite institution illustre les hauts faits des troupes chargées d'empêcher la violation des frontières de la Tchécoslovaquie.

Le **Musée des instruments de musique** *(Muzeum hudebních nástrojů),* face à la place des Chevaliers de Malte, dans le «Petit Côté», réunit un attachant ensemble de clavicordes, clavecins et pianos des XVIIIe et XIXe siècles, un temps où, semble-t-il, la beauté de l'instrument comptait autant que la musique qu'il produisait.

Un plafond peint coiffe la bibliothèque de Strahov.

Avant sa fermeture, on accédait à la principale exposition du **Musée Klement Gottwald** (*Muzeum Klementa Gottwalda;* Rytířská 29, Prague 1) par une majestueuse rampe d'escaliers – 50 marches revêtues d'un tapis rouge aboutissant à une statue de Lénine. Les souvenirs de Gottwald, premier chef du gouvernement et président communiste de Tchécoslovaquie, comprenaient trois pipes n'ayant jamais servi et une toque de fourrure. Le musée retraçait également de manière sélective l'histoire du parti communiste tchèque.

Le **Musée Lénine** (*Muzeum V.I. Lenina;* Hybernská 7, Prague 1), maintenant fermé, comportait toute une succession de salles renfermant des pièces évocatrices de la vie et de l'œuvre du dirigeant communiste qui devint le premier chef d'Etat de l'Union soviétique. On pouvait y voir également la salle de conférences où Lénine rencontra certains de ses compatriotes exilés en 1912 (voir p. 65).

L'historique Monastère de Strahov, au sud-ouest du Hradčany, offre un cadre impressionnant au **Musée de la littérature nationale** (*Památník národního písemnictví*). Les bibliophiles adoreront cette collection de vieux livres et manuscrits précieux. Les amateurs de musées seront captivés par le vestibule de la magnifique Salle philosophique, dont les petites vitrines constituent ce qui fut au XVIIIe siècle la préfiguration d'un musée.

Le Palais Schwarzenberg, imposant édifice Renaissance immédiatement à l'extérieur de l'enceinte du Château de Prague, renferme maintenant le **Musée militaire** (*Vojenské muzeum*). Considérée comme une des plus complètes du monde dans son genre, la collection débute par un fer de hache datant d'environ 3000 av. J.-C. et suit l'évolution de l'armement jusqu'aux canons du XXe siècle, en passant par les fusils de ce qui est appelé ici la «Révolution française bourgeoise» de 1789.

Le bâtiment du **Musée national** (*Národní muzeum),* en haut de la place Venceslas, résume à lui seul l'idée de palais. Voilà un endroit auquel penser le lundi, jour où presque tous les autres musées de Prague sont fermés. Le département d'histoire va de la préhistoire à la Seconde Guerre mondiale. Entre les mêmes murs se trouve le Muséum d'histoire naturelle.

Le péché originel vu par Cranach, à la Galerie nationale.

Devant un nu de Picasso, à la Galerie nationale.

Le **Musée national juif** *(Státní židovské muzeum)* représente lui-même une version de la diaspora. Les expositions (fermées le samedi et les jours de fêtes religieuses juives) sont réparties entre plusieurs bâtiments. La Synagogue Klaus contient des documents relatifs aux arts et aux pratiques religieuses de l'ancienne communauté juive de Prague. Les plus belles pièces furent réunies au cours de la Seconde Guerre mondiale, quand les nazis recherchèrent avec zèle le moin-

dre élément ethnographique concernant un peuple qu'ils projetaient d'exterminer.

Le **Musée Smetana** *(Muzeum Bedřicha Smetany;* Novotného lávka 1, Prague 1), dédié à la vie et aux œuvres de Bedřich Smetana, risque de ne passionner que les sincères admirateurs du compositeur. Mais la situation, sur une langue de terre à côté du pont Charles, et l'édifice de style néo-Renaissance ne laissent rien à désirer. (Fermé le mardi.)

Le **Musée technique national** *(Národní technické muzeum)* de Prague, sis Kostelní 42, Prague 7, contient des centaines de milliers d'objets utilitaires, dont beaucoup sont tout à fait fascinants. Ces pièces historiques rappellent que la Tchécoslovaquie fut une des premières puissances européennes dans le domaine des techniques avant la Seconde Guerre mondiale.

Le **Musée de la Ville de Prague** *(Muzeum Hlavního města Prahy),* dans sady Jana Švermy, Prague 8, retrace l'histoire mouvementée de la capitale de façon claire et vivante. L'exposition comprend des outils préhistoriques et des sculptures gothiques d'une belle veine. A l'étage, la principale curiosité est une maquette d'une étonnante complexité reproduisant la ville de Prague telle qu'elle apparaissait au début du XIXe siècle.

Excursions

Des voyages organisés d'une journée au départ de Prague font valoir la splendeur des châteaux tchèques, dont il existe toutes les variétés, du gothique au baroque. Les autres centres d'intérêt sont les villes historiques et les célèbres stations thermales. Sur le chemin de ces hauts lieux culturels, vous goûterez la tranquillité des paysages de champs et de forêts de la Bohême.

Voici une liste des principaux buts d'excursion à distance raisonnable de Prague.

Český Šternberk

Le massif château gothique de Český Šternberk domine la rivière Sázava, au sud-est de Prague, depuis le XIIIe siècle. Mais entre les murs d'allure inexpugnable, beaucoup de choses ont changé. La décoration baroque de l'intérieur est prodigue de riches détails: candélabres étincelants, élégant mobilier et, surtout, remarquables stucs.

La syllabe *štern* de Šternberk vient de l'allemand *Stern* (étoile). C'est à cela que fait allusion le motif des étoiles qui se rencontre partout au château – dans le dessin des parquets, par exemple, et dans le carrelage des magnifiques vieux poêles. Le château s'orne d'une profusion de trophées de chasse, dont un crocodile empaillé les mâchoires ouvertes sur le sol. Vous resterez vous-même bouche bée en apercevant le panorama des collines boisées depuis la bibliothèque du château.

Château de Hluboká
Rénovée au XIXe siècle, cette ancienne forteresse prit l'aspect d'un château crénelé ressemblant à un jouet d'enfant. La **79**

décoration a tendance à être écrasante et il n'est pas jusqu'aux plafonds qui n'en soient ornés.

Immédiatement au nord de České Budějovice, chef-lieu de la Bohême du Sud, le château de Hluboká domine la Vltava, rivière d'importance stratégique. Son histoire mouvementée commence au milieu du XIIIe siècle. Un des premiers possesseurs du château, nommé Záviš de Falknštejn, perdit en même temps qu'une lutte politique, son bien et la vie; il fut exécuté en 1290. Après diverses péripéties, le château tomba dans les impériales mains du roi Charles IV.

Au XVIe siècle, de gothique qu'il était à l'origine, il fut transformé en un château Renaissance. Quand survint la vogue du baroque, l'édifice fut refait. Il était la propriété de la famille des Schwarzenberg, nobles allemands enrichis au service de la dynastie des Habsbourg. Ils acquièrent rapidement plus de biens que tout autre propriétaire foncier de Bohême.

L'ultime rénovation du château de Hluboká, commencée sous Johann Adolf II de Schwarzenberg au milieu du XIXe siècle, s'inspira du style gothique. Afin d'en rehausser le pittoresque, on créa un jardin

à l'anglaise d'une exceptionnelle étendue.

En pénétrant dans l'enceinte, on rencontre un motif cynégétique répétitif fait de têtes de cerfs sculptées, en saillie sur les murs de la cour; mais les bois sont véritables. Parmi les collections du château figurent des armes et des armures de chevaliers du Moyen Age. On trouve aussi de riches tapisseries et du mobilier ancien. Pour abriter l'ensemble, il n'a été lésiné ni sur les parquets ni sur les stucs aux plafonds.

Les anciennes écuries contiennent maintenant une honorable collection d'art tchèque, principalement composée d'œuvres religieuses médiévales. Des tableaux flamands et hollandais du XVIIe siècle complètent l'exposition. On entre par un «jardin d'hiver».

Karlovy Vary

Grâce à son site et à ses sources minérales, Karlovy Vary, en Tchécoslovaquie occidentale, a attiré une foule d'illustres curistes au fil des siècles. Enumérons quelques noms célèbres: Bach, Goethe, Gogol, Liszt et Brahms, le tsar Pierre le Grand et Marx...

Le charme d'avant-guerre s'est hélas! évanoui. La plupart des curistes qui absorbent de l'eau chaude à l'aide de leur **81** tasse à bec spéciale ont l'air malades et moins haut placés dans l'échelle sociale que l'ancienne foule des élégants. Pourtant, la majestueuse ville d'eau, dissimulée dans un cercle de collines richement boisées, revêt une agréable teinte de nostalgie.

Karlovy Vary (anciennement appelée Carlsbad) tire son nom de Charles IV, qui agréa de son sceau impérial la source thermale au XIVe siècle. Les médecins du Moyen Age ne tardèrent pas à prescrire ses eaux pour de nombreux maux. Les premiers patients durent passer des heures chaque jour à se baigner dans les sources chaudes et à se gorger d'eau médicinale. De nos jours, le traitement est moins draconien.

En allant d'une fontaine à l'autre (la marche est aussi importante que la boisson), les curistes ont tout loisir d'admirer les beautés architecturales de la ville. L'Eglise de Marie-Madeleine *(kostel Maří Magdalény)* fut dessinée dans les années 1730 par Kilian Ignace Dienzenhofer, illustre représentant du baroque à Prague. La **Colonnade du Marché,** en bois à filigrane, a été éclipsée par la **Colonnade** de style néo-classique (anc. Colonnade de l'Amitié soviéto-tchécoslovaque). Et dans cette «tournée des bistrots» des buveurs d'eau, la plus récente attraction est la **Colonnade Youri Gagarine.** Les robinets y débitent de l'eau provenant de diverses sources locales, à des températures naturelles allant jusqu'à 72 °C. En général, elle a un goût de rouille à moins qu'elle ne soit fade – avis aux amateurs!

Comme aux beaux jours de Carlsbad, les activités annexes sont censées être aussi stimulantes que le traitement. A Karlovy Vary il existe un festival international de cinéma, des programmes de concerts et de pièces de théâtre, une galerie d'art et de nombreux cafés et restaurants. Les visiteurs pourront s'intéresser à la porcelaine et à la verrerie, à la liqueur locale (dite la «13e source curative») et aux gaufres de Karlovy Vary extrêmement appréciées.

Château de Karlštejn

Charles IV, qui fit de Prague une capitale de la culture européenne, bâtit ce château typique pour abriter les joyaux de la couronne. Pour plus de sûreté, il choisit comme site une hauteur escarpée dans une contrée couverte de forêts de pins à 28 kilomètres au sud-ouest de

Ce café de Karlovy Vary évoque l'âge d'or des villes d'eau.

Prague. Hrad Karlštejn, le monument le plus visité à l'extérieur de la ville, correspond tout à fait à l'idée qu'on se fait d'un château du Moyen Age.

Tout inexpugnable qu'il paraisse, Karlštejn se révéla assez vulnérable. Il eut du mal à soutenir en 1422 un siège prolongé de la part d'insurgés hussites puissamment armés. Une autre

Le château de Karlštejn veilla sur les joyaux de la couronne.

fois, en 1648, des assaillants suédois endommagèrent gravement le château, en recourant à l'artillerie de campagne, qu'ils furent les premiers à employer. Sa restauration fut réalisée dans les dernières années du XIXe siècle.

Le **Palais impérial** *(Císařský palác)*, dans l'enceinte, présente maintenant des expositions historiques consacrées en grande partie à la vie et à l'époque de son fondateur, l'empereur. Dans la salle d'audience royale,

es lambris d'origine des murs et du plafond ont été restaurés. Le trône est une précoce illustration de la volonté d'intimidation d'un souverain, disposé qu'il est de manière que la lumière aveuglante du soleil gênât les visiteurs qui osaient lever les yeux sur le monarque. La Salle des Luxembourg contient une tapisserie reproduisant l'arbre généalogique de la maison de Luxembourg. Et sur les murs sont accrochés de nombreux portraits royaux.

De précieuses peintures murales gothiques ont été découvertes dans l'**Eglise de la Vierge Marie.** Communiquant avec cette petite église, la **Chapelle Sainte-Catherine,** plus petite encore, qui fut l'oratoire privé de l'empereur, a des murs constellés de pierres fines.

Dans le donjon, la **Chapelle de la Sainte-Croix** *(Kaple svatého Kříže)* assura la garde des joyaux de la couronne. Derrière l'autel, également, furent conservées les archives capitales de l'Etat. Ces trésors étaient symboliquement protégés par une «céleste cohorte» composée de plus d'une centaine de saints tels qu'ils sont représentés dans des tableaux dus à un artiste de cour du XIVe siècle, Maître Théodoric. Sa technique semble avoir eu des siècles d'avance sur son temps. Les originaux sont maintenant exposés à la Galerie nationale, à Prague.

Château de Konopiště

Comme Karlštejn, Konopiště fut d'abord un rude château fort gothique. Mais il finit par être converti en un pavillon de chasse à l'usage de l'héritier infortuné du trône des Habsbourg.

Situé à 44 kilomètres au sud de Prague, Konopiště fut construit à la fin du XIIIe siècle. L'agencement des tours, mu- **85** railles et fossés en fit un réduit quasi invincible. Mais dès le XVIIᵉ siècle, l'armée suédoise eut l'avantage et Konopiště tomba.

Au début du XVIIIᵉ siècle, le comte de Vrtba acheta l'endroit et entreprit une rénovation radicale. Konopiště se mua en un manoir baroque hébergeant une famille d'aristocrates. Puis, en 1887, l'archiduc d'Autriche François-Ferdinand acquit la propriété, qu'il agrandit et embellit.

François-Ferdinand était célèbre par son amour de la chasse. A vrai dire, c'était un enragé. Il tirait à peu près tout ce qui possédait quatre pattes ou deux ailes. Ses trophées couvrent par milliers les murs de ce fastueux pavillon.

François-Ferdinand collectionnait également les armures. L'exposition de Konopiště est impressionnante par sa diversité. Elle comprend de splendides armures servant à équiper un cavalier et sa monture à l'occasion des tournois de cérémonie et tout ce dont peut avoir besoin un chevalier, de la pique à la bombarde.

Comme chacun sait, l'archiduc fut puni par où il avait péché. Son assassinat à Sarajevo en 1914 déclencha la Première Guerre mondiale. L'Autriche-Hongrie fut vaincue. Au cours de la Seconde Guerre mondiale, le château étant réquisitionné par les troupes d'occupation, beaucoup de trésors de Konopiště prirent le chemin de l'Allemagne, mais tous ont été recouvrés.

Kutná Hora

Comme Taxco, au Mexique, la ville tchèque de Kutná Hora fut fondée sur l'argent. Créée au XIIIᵉ siècle, quand furent découverts à proximité des filons d'argent apparemment inépuisables, Kutná Hora, située à environ 65 km au sud-est de Prague, ne tarda pas à connaître les hauts et les bas d'une ville champignon. Elle devint au Moyen Age la deuxième ville du pays.

Sur une falaise surplombant la ville, la **Cathédrale Sainte-Barbe** *(chrám sv. Barbory)* a l'air prête à s'élancer vers le ciel. Ses lignes relevant du gothique flamboyant appartiennent à la fin du XIVᵉ siècle, mais la construction dura jusqu'au milieu du XVIᵉ. L'extravagance de l'architecture et de l'aménagement témoigne de l'éclat de la ville au beau temps des mines d'argent. Les liens de Kutná Hora avec ce minerai se manifestent également à la cathédrale dans un ensemble de fresques montrant des mineurs et des fondeurs au travail.

La façade de la plus vieille maison de la ville, dite la **Maison de pierre** *(Kamenný dům)*, est agrémentée d'une dentelle de pierre et d'une aérienne fenêtre en encorbellement. Un autre beau vestige est la décorative fontaine municipale du XVe siècle. Nul n'a le droit de toucher à l'aspect du centre historique de Kutná Hora, entièrement constitué d'édifices gothiques et baroques.

La **Cour italienne** (dont le nom tchèque est *Vlašský dvůr*) fut une création du roi Venceslas II. C'est ici que, dès le début du XIVe siècle, l'argent extrait localement fut monnayé sous la forme des *groschen* de Prague,

monnaie en usage dans toute l'Europe centrale. La cour est dite «italienne» par allusion aux fondeurs recrutés pour commencer la fabrication; les banquiers italiens suivirent. Ce fut aussi le cas de spécialistes français de la fonte et de la frappe de la monnaie d'argent. Pourtant, l'«âge d'or» prit fin ici en 1726, quand l'Hôtel de la Monnaie ferma par manque de matière première. La partie la plus riche de l'édifice est la Salle des Fêtes, au superbe plafond médiéval.

Une des survivantes, témoin des atrocités, au musée de Lidice.

Lidice

Le pèlerinage à Lidice, à 22 kilomètres seulement au nord-ouest de Prague, n'est pas une partie de plaisir. C'est une brève leçon d'histoire, poignante et grave comme la mort.

Lidice fut un banal village minier tchèque jusqu'au jour de 1942 où Hitler ordonna de le raser afin de décourager la poursuite de la résistance. Effacer Lidice de la carte constituait des représailles notoires en réponse à l'assassinat de Reinhard Heydrich. La Gestapo et les S.S. rassemblèrent les 450 habitants et incendièrent chaque maison. Ils fusillèrent les hommes et quelques femmes, envoyèrent les survivants dans des camps de concentration et confièrent certains enfants, racialement acceptables, à des familles adoptives allemandes.

Un ravissant coteau verdoyant marque l'emplacement du village et un bosquet de cèdres ombrage la tombe collective. Dominant le site, un petit musée contient des photos des victimes et des souvenirs. Observez les visages des femmes qui travaillent au musée: ce sont des survivantes du massacre.

Mariánské Lázně

A l'instar de Karlovy Vary, Mariánské Lázně est une station thermale au passé romantique. Des célébrités des lettres telles que Goethe, Tourgueniev, Ibsen et Kafka se rendaient autrefois à Marienbad, comme la ville s'appelait alors, pour chercher la guérison en même temps que l'inspiration. Goethe, tombé amoureux, se mit à écrire la *Marienbader Elegie*.

Située à l'extrémité occidentale du pays, Mariánské Lázně doit sa fortune aux eaux de ses sources minérales bouillonnantes, mais l'air riche en ozone passe aussi pour être exceptionnellement salubre. Il existe sur place largement plus d'une centaine de sources, dont 40 se voient prêter une valeur thérapeutique. Les patients sont censés passer trois semaines dans ces établissements thermaux et maisons de santé du XIXe siècle disposés en une magnifique cité-jardin. La cure comprend l'absorption de quantité d'eau, des bains et de longues promenades digestives à travers jardins et forêts. On pratique aussi les bains de boue et les injections de gaz carbonique mis en bouteille aux sources.

De saines distractions sont favorisées. L'ambiance intellectuelle d'antan est perpétuée dans une certaine mesure grâce à des manifestations telles qu'un festival international de musique et de fréquentes représentations théâtrales. C'est sur un plan moins cérébral que se placent les tournois de golf et les défilés de mode.

Mělník

Cette ville des hauteurs se tient au-dessus des vignobles qui descendent en rangs serrés jusqu'au confluent de l'Elbe *(Labe)* et de la Vltava, à 32 kilomètres au nord de Prague. (Les habitants soutiennent que l'Elbe est un affluent de la Vltava et non l'inverse, comme l'affirment les livres de géographie.)

La légende veut que ce soit la princesse Ludmilla qui, au IXe siècle, eut l'idée de faire pousser de la vigne sur ces terres; Charles IV fit venir des ceps de Bourgogne. Malgré cette longue histoire, les vins de Mělník sont pratiquement inconnus à l'étranger. Ce n'est pas une raison pour refuser d'y goûter dans une cave ou une taverne... voire les deux.

Le monument le plus imposant de l'endroit est le **château** *(hrad)* **de Mělník.** Il sert maintenant de musée et recèle une galerie d'art.

Une haute tour romane se dresse sur le côté de l'église gothique Saint-Pierre-et-Saint-Paul *(kostel svatého Petra a Pavla)*. A l'intérieur, dans un insolite **ossuaire,** s'entassent par dizaines de milliers des crânes et des ossements. Spectacle fascinant que ces restes de squelettes arrangés en d'artistiques motifs!

Barrage de Slapy

Les vacanciers de Prague vont se détendre plus au sud, au barrage de Slapy, sur la Vltava. C'est aussi une étape habituelle des excursions à destination du château voisin de Konopiště.

La construction du barrage, qui prit quatre ans, modifia complètement l'aspect du paysage. Le barrage provoqua la création d'un lac artificiel de 40 kilomètres de long. Mais les eaux de la Vltava servent aussi à de nombreuses distractions, telles que la voile, la pêche et la natation. Et elles entourent de belles et larges îles, qui furent autrefois de simples collines.

Tábor

A la lisière de la ville de Tábor, située à 88 kilomètres au sud de Prague, un lac artificiel appelé le Jordan remonterait à la date, fameuse dans l'histoire, de 1492. Les hussites célébrèrent le baptême dans ses eaux, ce qui explique son appellation biblique. (Tábor même tire son nom du mont Thabor, en Galilée, mentionné dans la Bible.) **89**

Les hussites se scindèrent en deux factions au début du XVᵉ siècle. Les plus militants furent dénommés taborites, d'après la ville qui en fut le foyer. Tábor fut sérieusement fortifiée en prévision d'une attaque des croisés anti-réformistes du Saint-Empire; les rues de la vieille ville dessinent toujours un dédale destiné à rendre plus difficile le cheminement des envahisseurs.

La **grand-place**, Žižkovo náměstí, honore Jan Žižka, le chef militaire des hussites, qui y était cantonné. Sous cette place spacieuse et superbe, des tunnels et des caves furent creusés pour servir en cas de siège. L'**Hôtel de Ville** gothique est en grande partie occupé par un musée du mouvement hussite, riche en documents concernant Žižka, génie militaire et borgne. (Mais les statues, les tableaux et son portrait sur les billets de 20 Kčs divergent quant à l'œil qui était recouvert d'un bandeau.) Au point de vue architectural, l'élément le plus remarquable de l'Hôtel de Ville est la vaste Salle de Cérémonie, que ne gâte aucun pilier, peut-être la plus grandiose de son temps.

La détente est reine au lac de barrage de Slapy.

Que faire

Les distractions

Que votre humeur vous porte vers des divertissements frivoles ou culturels, Prague a tout ce qu'il faut pour vous distraire et vous risquez d'être recru longtemps avant d'avoir épuisé les possibilités de la capitale. Pour être parfaitement au courant des spectacles intéressants, procurez-vous la brochure annonçant les manifestations, publiée mensuellement en édition française par le Service d'information de Prague. Elle est disponible gratuitement dans les hôtels.

La **musique** a été un des points forts de Prague depuis le temps où Mozart et Beethoven captivaient le public local. Presque chaque soir, il y a le choix entre de prestigieuses manifestations musicales: l'Orchestre philharmonique tchèque, un ou deux des ensembles de musique de chambre de la ville, ainsi que des programmes d'opéra se faisant concurrence au Théâtre national et au Théâtre Smetana. La générosité des subventions gouvernementales explique le faible prix des billets. Chaque année, entre le 12 mai et le 4 juin, le Festival inter- **91**

L'ingéniosité des trucages créés par les animateurs de la Lanterne Magique de Prague a inspiré des imitations un peu partout.

national de musique du Printemps de Prague est un fiévreux défilé d'ensembles nationaux et étrangers, et de célébrités – solistes et chefs d'orchestre. Avec pour cadre des églises et des palais.

Les salles de **théâtre** sont toujours actives. Les auteurs dramatiques joués vont des classiques aux modernes. Le hic, c'est qu'ils le sont normalement en tchèque et il vous faudra peut-être vous rabattre sur un des théâtres de pantomime ou ce qui pourrait fort bien être le meilleur spectacle de Prague, la *Laterna Magika,* ou Lanterne Magique, qui fait appel à une multiplicité de moyens d'expression. Le captivant mélange de musique, de mime, de ballet et de cinéma, de surréalisme, d'humour et de philosophie, fait toujours salle comble. Mais si vous ne voyez pas d'inconvénient à payer nettement plus cher, tournez-vous vers les vendeurs de billets à la sauvette qui se rassemblent à l'extérieur.

Des **spectacles folkloriques** sont donnés chaque soir à 19 h 30 pendant les mois de juillet et août sur l'île Slovanský (*Slovanský ostrov,* près du Théâtre national). Chacune des régions de la Tchécoslovaquie – Bohême, Moravie et Slovaquie – a sa musique, ses danses et ses costumes particuliers.

Les **boîtes de nuit** s'adressent à différents états d'esprit et classes d'âge. Dans les cabarets, attractions et numéros de music-hall alternent avec de la danse au son d'un orchestre. Les discothèques classiques et «branchées» sont plus bruyantes. Tous ces établissements fonctionnent jusqu'à 2 ou 3 heures du matin. Plus calmes sont les piano-bars et les *vinárny* éclairés aux chandelles.

Les **cinémas** abondent autour de la place Venceslas. Les films étrangers passent souvent en version originale sous-titrée en tchèque. Comme on réserve ses places, il est bon de s'y prendre à l'avance pour louer.

Pour les enfants

Le **zoo** *(Zoologická zahrada)* de Prague captivera les enfants de tout âge. Le cadre spacieux et boisé, à l'écart dans le quartier de Troja, Prague 7, laisse une certaine liberté aux animaux dont le nombre dépasse 2 000. Les pensionnaires les plus insolites sont les chevaux de Prjevalski, maintenant disparus à l'état sauvage mais élevés ici.

Les **croisières** au fil de la Vltava partent du quai situé immédiatement au nord du pont Palacký. Les cygnes, familiers, daignent accepter de la nourriture. Les parcours d'excursion, subordonnés aux conditions de navigabilité, sont supprimés en hiver. Plus au nord, sur l'île Slovanský, location de canots.

Un endroit qu'affectionnent les enfants de Prague est le **labyrinthe** *(bludiště)* datant du XIXe siècle au parc de Petřín. On y trouve un dédale aux parois en glaces et une galerie de miroirs déformants, retentissant de rires juvéniles. Il est déjà palpitant de s'y rendre par le funiculaire gravissant la pente (voir p. 44).

Les enfants plus grands apprécieront plusieurs des **musées** de Prague, tels que le Musée technique national, avec ses bicyclettes, ses voitures, ses trains et ses avions d'autrefois.

Les sports

Pour un petit pays, la Tchéco-slovaquie produit une invrai-semblable quantité de vedettes internationales du **tennis**. Leurs noms sont partout sur les lèvres des amateurs de sport. Le secret réside apparemment dans une recherche des talents et une for-mation rigoureuses à l'échelle nationale, approche moderne d'un sport tchèque traditionnel (par ici, le premier tournoi de tennis eut lieu en 1879). Les fu-turs champions s'entraînent au grand stade moderne réservé au tennis sur l'île de Štvanice, au milieu de la Vltava, sous le pont Hlávkův, au sud-est du restau-rant de Praha-Expo 58. Vous serez en mesure d'y jouer aussi, à la condition de retenir un court à l'avance (tél. 23 16 323).

Si le tennis n'est pas né tchè-que, une pléiade de champions n'en a pas moins vu le jour ici.

En ce qui concerne le **golf**, il existe un parcours de neuf trous à Motol (Prague 5). Plus chic est le «green» de 18 trous de Mariánské Lázně (Marienbad).

Les principaux **spectacles sportifs** du pays sont le hockey sur glace, le football, le basketball et le volley-ball. Les installations du stade de Strahov, à Břevnov, Prague 6, représentent le dernier cri en la matière. Il y a suffisamment de place sur le terrain pour 16 000 gymnastes. Le stade de football attenant contient dans les 56 000 spectateurs.

Les **courses hippiques** ont lieu chaque dimanche d'avril à la fin d'octobre à Chuchle, avec des paris modérés sur le champ de courses. Chaque année en octobre, un célèbre steeplechase est couru à Pardubice, à environ 80 kilomètres à l'est de Prague. Plus de 50 000 spectateurs y assistent, misant peut-être quelques couronnes.

La **chasse**, passe-temps princier autrefois, est organisée par Čedok. Il existe des voyages à forfait dans lesquels tout est compris: logement, transport, guide et fusil. Du gibier à plumes aux ours (dans les montagnes de Slovaquie), l'éventail des cibles est large. On peut en abattre presque toute l'année, sauf au début du printemps.

Les achats

Dans certaines villes, faire des achats constitue un des principaux attraits. Tel n'est pas le cas à Prague, mais vous n'en aurez pas moins plaisir à traîner dans les grands magasins et les boutiques. Le lèche-vitrines est particulièrement agréable le long de la voie en vogue de Prague, la succession de rues historiques conduisant de la Tour poudrière, dans la Vieille Ville, jusqu'au Château de Prague.

Afin d'avoir une vue globale de ce qui est en vente à Prague, visitez à votre guise un des grands magasins, Kotva ou Máj. A côté du dentifrice et des ampoules électriques, on y trouve mobilier, vêtements et même souvenirs pour touristes.

Les objets de l'artisanat d'art sont vendus dans des magasins d'Etat aux noms comme ÚVA, Zádruha, Krásná jizba, Česká jizba et Dílo (pour les œuvres d'art).

En divers endroits de la ville, vous rencontrerez des succursales de la chaîne Tuzex, dont chacune se limite à des catégories particulières d'articles – appareils photo, vêtements, etc. Dans ces magasins-là, les prix ne sont pas indiqués en koruna (Kčs) tchécoslovaques, mais **95** uniquement en unités d'une monnaie forte désignées par l'abréviation TK; on doit payer dans ce cas en devises étrangères ou au moyen d'une carte de crédit. Le taux de change est moins avantageux que pour les touristes. Une marchandise achetée dans un de ces magasins est exempte de droits de douane. Conservez tous les tickets de caisse.

Pour la plupart des acheteurs de souvenirs, la Tchécoslovaquie est synonyme de **cristallerie** et de **verrerie.** Les marques les plus connues ont nom Moser et Bohemia.

La **porcelaine** elle aussi est alléchante. A défaut d'un ser-

Des idées d'emplettes: marionnettes et souvenirs... spiritueux!

vice à dîner de 110 pièces peintes à la main, songez à une statuette. Les sujets sont variés: oiseaux, chiens de chasse couplés, ou nus multiples.

Les **marionnettes** faites main sont très répandues; elles représentent des personnages de théâtre et d'opéra. Il y a une profusion de **poupées** en costumes régionaux. Et des figurines en bois.

La **broderie** est bien représentée par nappes et serviettes de table à motifs typiques.

Recherchez les **grenats** de Bohême *(české granáty),* pierres fines façonnées en bijoux.

Au chapitre des spiritueux, envisagez l'achat d'une **bouteille** de *Becherovka,* l'apéritif de Karlovy Vary, ou d'un alcool plus fort, tel que la *slivovice* (eau-de-vie de prunes).

Enfin, dans une capitale de la musique telle que Prague, **disques** et **cassettes** constituent d'intéressants souvenirs. Prêtez l'oreille aux enregistrements faits sur place.

Les plaisirs de la table

Prague offre le parfait remède aux rigueurs de la nouvelle cuisine. Des plats simples, nourrissants et souvent délicieux s'inspirent de recettes jalousement gardées. Vous ne resterez pas sur votre faim.

La base de la copieuse cuisine tchèque est le rôti de porc ou de bœuf accompagné presque immanquablement de boulettes destinées à s'imbiber du jus. Ou bien votre appétit peut être aiguisé par la volaille, le gibier ou le poisson de rivière. La nourriture généralement lourde et relevée est arrosée de préférence d'une bière tchèque bien fraîche, dont la réputation n'est plus à faire.

L'ambiance des restaurants de Prague est souvent pittoresque ou romantique. Mais il arrive que le service laisse à désirer. Les garçons, parfois sympathiques et efficaces, préfèrent, dans certains établissements, se reposer à l'heure des repas et c'est tout juste s'ils n'ignorent pas les clients.

Où manger

Les restaurants sont divisés en catégories puis classés de 1+ (établissement de luxe) à 4 suivant la qualité des installations. Pour des raisons d'ordre technique, maint bon restaurant n'est considéré que comme de deuxième ordre (il est alors mentionné *II. cenová skupina*); mais ne vous laissez pas décourager.

En dehors des restaurants classiques *(restaurace)*, qui peuvent être chic ou avoir pour spécialité une cuisine régionale ou étrangère, le choix suivant s'offre à vous:

Les *vinárny* (restaurants-débits de vin) ont un menu, mais ils mettent l'accent sur le vin. L'ambiance est souvent intime, parfois historique ou folklorique.

Les *pivnice* (tavernes), sans façon, ont pour spécialité la bière à la pression et quelques plats en nombre limité.

Les *kavárny* (cafés) servent essentiellement des casse-croûte et des pâtisseries.

Si vous êtes pressé, vous pourrez manger pour presque rien dans une *jídelna,* cafétéria libre-service où l'on se tient parfois debout.

A Prague, on tend à interdire de fumer dans les restaurants à l'heure du déjeuner. Toutefois, ceci ne s'applique pas aux tavernes.

Une terrasse et des façades historiques: tout le charme du «Petit Côté».

Le petit déjeuner

Les hôtels servent le petit déjeuner d'environ 6 h à 10 h. Selon l'établissement, le repas du matin peut être un café ou un thé complet, ou bien plus copieux. Dans les meilleurs hôtels, on sert un plantureux buffet chaud et froid suffisant pour vous couper l'appétit à midi.

Le déjeuner et le dîner

La plupart des restaurants affichent un menu dactylographié *(jídelní lístek)* près de la porte, ce qui donne au moins une idée des prix. Dans la file d'un libre-service, il suffit de montrer du doigt ce qu'on désire. Les restaurants de premier ordre disposent normalement de menus en plusieurs langues. Entre ces deux extrêmes, les restaurants ordinaires ne fournissent qu'un menu en tchèque. Essayez toujours. Mais ne vous fâchez pas si le garçon refuse poliment de vous le montrer. Il préférerait vous conseiller les plats en allemand. Si vous ne connaissez pas cette langue, tâchez de vous débrouiller en anglais.

Le menu est divisé en catégories: *studená jídla* (plats froids), *polévky* (soupes), *teplé předkrmy* (hors-d'œuvre chauds), *ryby* (poisson), *drůbež* (volaille), *hotová jídla* (plats principaux) et *moučníky* (desserts).

Le **hors-d'œuvre** par excellence est ici le jambon de Prague *(pražská šunka)*. Il peut être servi en tranches minces avec une garniture de concombres et du raifort à la crème, ou avec du fromage en petits sandwiches.

La **soupe** est appréciée tant au déjeuner *(oběd)* qu'au dîner *(večeře)*. Il peut s'agir d'un bouillon assez clair ou, plus fréquemment, d'un épais potage aux légumes, avec parfois un bout de viande. Ne vous scandalisez pas si on y ajoute une noix de crème fouettée. Une des meilleures soupes traditionnelles est la *bramborová polévka s houbami* (julienne aux pommes de terre et aux champignons), relevée avec des oignons, du lard, des carottes, du chou, du persil et des aromates.

Les plats de **viande** comprennent entre autres le *pražská hovězí pečeně* (rosbif de Prague), un morceau de bœuf farci avec des lardons, des pois, un œuf, des oignons et des épices. Et pensez au *svíčková pečeně na smetaně,* succulent bœuf accommodé avec une sauce à la crème. Quelques restaurants d'hôtels proposent d'originales *vepřové žebírko Interhotel* (côtelettes de porc à l'Interhotel), garnies de choucroute mêlée de jambon et de lard fumé. Autre découverte gastronomique, le *šunka po staročesku* (jambon cuit à l'ancienne) a pour accompagnement des prunes, des pruneaux et des noix au vin. Ou bien goûtez au *guláš* (goulasch), un ragoût dont la viande est cuite dans une sauce au paprika, ou à la *smažený řízek* («Wienerschnitzel»), une côtelette de veau panée.

Presque tous ces plats peuvent être accompagnés de *knedlíky* (boulettes).

Les **desserts** ont tendance à peser, avec d'aussi substantielles recettes que le *jablkový závin* (strudel aux pommes), servi couronné de crème fouettée. Une variante plus légère dénommée *jablka v županu* consiste en une pomme entière, pelée, fourrée au sucre, à la cannelle et aux raisins secs, et cuite à l'intérieur d'une pâte feuilletée. Les *švestkové knedlíky* (chaussons aux prunes) sont enrobés de fromage blanc sucré, puis arrosés de beurre fondu. Ou bien décidez-vous pour une *zmrzlina* (glace) ou une *kompot* (compote).

En-cas. Entre les repas, vous serez tenté à Prague par une originale diversité de casse-croûte bon marché vendus dans les boutiques en plein air. Un *bramborák* est un beignet de pommes de terre, servi ruisselant d'huile mais exquis sur une feuille de papier. Une *pečená*

Boulette sur boulette

Si vous pensiez que les boulettes sont des boules de pâte de la grosseur d'une balle de golf sans plus de saveur que de la colle de pâte, attendez-vous à une surprise à Prague. Il se peut même que vous deveniez un connaisseur, soupesant le pour et le contre en comparant les boulettes de farine et les boulettes de pommes de terre, et examinant dans quel jus il vaut mieux qu'elles baignent.

De ces boulettes omniprésentes à Prague, il existe plusieurs variétés: les petites sphères faites de farine ou de pommes de terre écrasées; de grosses boulettes de pommes de terre mêlées de pain, servies en tranches; de grandes croquettes avec des morceaux de lard fumé; et comme dessert, des chaussons aux prunes, couronnés de fromage blanc sucré.

Le revers de la médaille, c'est qu'à force de rechercher ce qu'il y a de meilleur en fait de boulettes, vous risquez de vous arrondir à votre tour.

klobása (saucisse grillée) a droit à une assiette en carton, une tranche de pain et un peu de moutarde. *Smažený sýr* désigne une sorte d'escalope végétarienne. *Párek v rohlíku* est une saucisse contenue dans un crois- **101** sant. Les glaces, en vente partout, se trouvent le plus couramment chez des mini-glaciers offrant un seul parfum par jour. Faites-en le tour!

La bière et le vin
Quand les statistiques mondiales font état de la **bière** *(pivo),* la Tchécoslovaquie se retrouve généralement parmi les deux ou trois premiers pays pour ce qui est de la consommation par tête.

Les connaisseurs devraient aller à Plzeň (Pilsen), en Tchécoslovaquie occidentale, «tâter» de sa bière. La Pilsner, produite depuis le XIIIe siècle, est une variété de bière blonde

appréciée et imitée de tous côtés. On attribue sa saveur particulière à l'alcalinité de l'eau et à l'excellence d'un de ses ingrédients, le houblon, que vous verrez pousser sur des châssis de bois et de fil de fer à travers toute la campagne tchèque.

La bière Pilsner est la plus connue, mais il existe des bras-

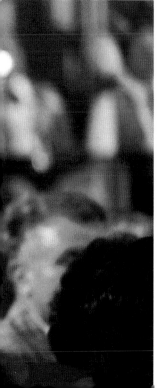

series estimées à Prague et dans des villes moins importantes. Plusieurs tavernes de Prague brassent la leur, blonde ou brune. Délectable et rafraîchissante, sachez qu'elle est aussi très forte.

Le **vin** *(víno)* tchécoslovaque est presque inconnu à l'étranger, aussi attendez-vous à faire une découverte. La production vinicole du pays est assurée essentiellement par la Slovaquie et la Moravie. Les vins de Bohême (notamment ceux de la région de Mělník) rappellent les vins allemands. Blanc se dit *bílé* et rouge *červené.*

Une liqueur aux herbes de Karlovy Vary, la *Becherovka,* est servie frappée en apéritif, de même que la *Stará myslivecká,* forte et de saveur douceâtre. Les digestifs seraient plutôt des eaux-de-vie de fruits, en particulier la *slivovice,* alcool de prunes.

Les **boissons non alcoolisées** comprennent eaux, jus de fruits, Coca-Cola, Pepsi-Cola et Tonic. Quant au café, l'express à l'italienne concurrence l'épais café turc.

Les buveurs assoiffés d'une bière blonde sont moins sûrs de garder leur équilibre que ce serveur. **103**

Pour vous aider à commander ...

Pouvons-nous avoir une table?	**Máte prosím volný stůl?**
L'addition, s'il vous plaît.	**Zaplatím.**
Je voudrais...	**Prosím...**

beurre	**máslo**	le menu	**jídelní lístek**
bière	**pivo**	œuf	**vejce**
café	**kávu**	pain	**chleba**
dessert	**moučník**	salade	**salát**
eau minérale	**minerálku**	thé	**čaj**
fromage	**sýr**	viande	**maso**
glace	**zmrzlinu**	vin	**víno**
lait	**mléko**		

... et à lire le menu

bažant	faisan	**knedlíky**	boulettes
brambory	pommes de terre	**králík**	lapin
drůbež	volaille	**kuře**	poulet
fazole	haricots	**květák**	chou-fleur
houby	champignons	**kyselé zelí**	choucroute
hovězí	bœuf	**ledvinky**	rognons
hrášek	pois	**pstruh**	truite
hrozny	raisin	**rajská jablka**	tomates
hrušky	poires	**rýže**	riz
husa	oie	**špenát**	épinards
jablka	pommes	**srnčí**	venaison
jahody	fraises	**štika**	brochet
játra	foie	**šunka**	jambon
jazyk	langue	**švestky**	prunes
jehněčí	agneau	**telecí**	veau
kachna	canard	**telecí brzlík**	ris de veau
kapr	carpe	**vepřové**	porc
104 klobása	saucisse	**zajíc**	lièvre

BERLITZ-INFO

Comment y aller

PAR AIR (vols réguliers)

Au départ de la Belgique. Vous avez trois vols directs par semaine entre Bruxelles et Prague, en 1 h 25 min; les autres jours, vous transiterez par Amsterdam ou Francfort.

Au départ du Canada (Montréal). Un service direct (deux en saison) permet, chaque semaine, d'atteindre Prague en 7 h 30 min. Autrement, il vous faudra changer, selon les jours, à Amsterdam, Francfort, Londres, Paris, Rome, Varsovie ou Zurich; comptez alors au moins 10 h de voyage.

Au départ de la France. Paris est relié une fois par jour à Prague, en 1 h 35; d'autres vols transitent par Francfort ou Vienne. De la province, ralliez d'abord Paris.

Au départ de la Suisse romande. Genève et Prague sont reliées par deux vols hebdomadaires en 1 h 55 min. Il est également possible de transiter par Zurich ou Francfort.

Tarifs spéciaux. Les enfants (jusqu'à 12 ans), les jeunes (de 12 à 24 ans), les couples mariés peuvent bénéficier de substantielles réductions. *Services Belgique–Prague:* Vous sont proposés les tarifs excursion, PEX et APEX (d'une validité de trois mois), ainsi que spécial jeunes (jusqu'à 26 ans). *Canada–Prague:* Vous choisirez entre les tarifs excursion (de quatorze jours à six mois), APEX (de sept jours à six mois) et Super APEX (de sept jours à trois mois); il existe également des tarifs APEX et Super APEX à l'intention des personnes du troisième âge, valables de sept jours à un an. *France–Prague:* Citons le tarif PEX, valable un mois, et spécial jeunes (voir plus haut). *Suisse–Prague:* Hormis le tarif APEX, l'offre est la même qu'au départ de la Belgique; avec, en plus, un tarif Senior destiné aux dames de plus de 62 ans et aux messieurs de plus de 65 ans.

Voyages organisés. Signalons, entre autres formules avantageuses, les forfaits relatifs à des séjours de quatre ou cinq jours – autour d'un week-end, en général – et comprenant, outre le vol (vol *City,* par exemple), les transferts, l'hébergement dans un bon hôtel, un tour d'orientation, etc. Sur place, vous avez d'autre part la possibilité de découvrir la Bohême en car, sous la conduite d'un guide.

PAR FER

Au départ de Bruxelles. En changeant à Cologne puis à Stuttgart, comptez plus de 18 h. Par le train de nuit, vous ne changerez qu'une fois, à Stuttgart; le voyage demande une vingtaine d'heures.

Au départ de Paris. Un train direct, acheminant des couchettes, atteint Prague en 19 h environ, *via* Francfort et Nuremberg.

Au départ de Genève. Vous changerez à Zurich puis à Munich, d'où il existe un train de jour à destination de Prague; liaison en quelque 16 h. Vous pouvez aussi voyager de jour jusqu'à Stuttgart et, de là, prendre un train de nuit pour Prague (places assises, couchettes, wagon-lits); comptez 16 h de voyage. En voyageant en voiture-lit ou en couchette entre Zurich et Vienne, vous mettrez plus de 21 heures, changements compris.

Diverses facilités d'ordre tarifaire vous sont offertes. Si les cartes *Eurailpass, Eurail Youthpass* et *Inter-Rail* ne sont pas valables en Tchécoslovaquie, vous pourrez les utiliser sur les réseaux allemand, autrichien, belge, français et suisse. Renseignez-vous, au besoin, sur les billets internationaux BIJ/BIGE (si vous avez moins de 26 ans), ainsi que sur les cartes *Rail Europ Famille* et *Rail Europ Senior*.

PAR LA ROUTE

Bruxelles–Prague. Vous passerez par Cologne, Francfort, Nuremberg, Waidhaus-Rozvadov (douane) et Plzeň (autoroute jusqu'au-delà de Nuremberg); 900 km environ.

Paris–Prague. Vous gagnerez Reims, Metz, Mannheim et Nuremberg, puis, en quittant l'autoroute, Waidhaus-Rozvadov (frontière); de là à Prague par Plzeň; 1030 km approximativement.

Genève–Prague. Le plus simple est, par Berne, Zurich et Bregenz, de rallier Munich, Regensburg, Waidhaus-Rozvadov (douane), Plzeň (autoroute discontinue jusqu'à Wernberg); comptez 975 km environ.

Quand y aller

Prague connaît un climat continental, marqué par des étés normalement ensoleillés et chauds (avec des orages), ainsi que par des hivers froids et assez neigeux. Au printemps et en automne, le temps s'avère en général doux et changeant. A noter que les hôtels sont d'ordinaire complets d'avril à la mi-novembre, de même qu'à l'occasion de diverses fêtes et manifestations. Températures mensuelles moyennes* relevées à Prague:

		J	F	M	A	M	J	J	A	S	O	N	D
Maximum	°C	10	11	18	23	28	31	33	32	29	22	14	10
Minimum	°C	−13	−12	−8	−2	2	7	9	8	4	−2	−5	−10

*Les températures minimales sont relevées juste avant le lever du soleil et les températures maximales dans l'après-midi.

Pour équilibrer votre budget...

Pour vous donner une idée du coût de la vie en Tchécoslovaquie, voici une liste de prix moyens, exprimés en couronnes (*koruna,* en abrégé *Kcs*) ou en dollars américains (US$). Ces prix n'ont évidemment qu'une valeur indicative.

Aéroport (transfert). Bus ČSA de Prague-Ruzyně au terminal Vltava 6 Kčs. Bus ČSA-Čedok de l'aéroport à certains grands hôtels 100 Kčs. Taxi de l'aéroport au centre-ville 140 Kčs.

Autobus et métro. Tarif unique l Kčs le trajet. Carte valable 24 heures sur l'ensemble du réseau 8 Kčs, 48 h 15 Kčs, 72 h 20 Kčs.

Cigarettes (le paquet de 20). Marques locales 8–14 Kčs (pas d'importation de marques étrangères).

Coiffeurs. *Dames:* shampooing et mise en plis 60 Kčs, brushing 70 Kčs, coupe 35 Kčs, permanente 200 Kčs. *Messieurs:* coupe 35 Kčs.

Distractions. Opéra 30–60 Kčs, concert 50–100 Kčs, boîte de nuit (l'entrée) 40–50 Kčs, discothèque (l'entrée) 40 Kčs.

Excursions. Tour d'orientation (3 h) 200 Kčs. Prague *by night* (dîner compris) 550 Kčs. Excursion d'une journée aux châteaux de Bohême 500–650 Kčs.

Hôtels (chambre pour deux personnes avec bains, petit déjeuner inclus). A* de luxe US$238, A* US$172, B* US$148 (demi-pension), B US$35 (demi-pension, sans bains).

Location de voitures. *Skoda:* US$33 par jour, US$198 par semaine, plus US$0,33 le kilomètre. *Renault* (modèle moyen): US$45 par jour, US$270 par semaine, plus US$0,45 le kilomètre. *Renault* (automatique) ou *Opel Omega:* US$55 par jour, US$330 par semaine, plus US$0,55 le kilomètre. Assurance au tiers US$10 par jour.

Repas et boissons. Déjeuner ou dîner (dans un bon établissement) 300 Kčs; café 12 Kčs, vin (le verre) 20 Kčs, boissons sans alcool 10 Kčs, bière 12 Kčs.

Taxis. Prise en charge 6 Kčs. De l'hôtel Panorama à la place Venceslas 25 Kčs; de la Gare principale au Musée d'ethnographie (Smíchov) 30 Kčs.

Informations pratiques classées de A à Z pour un voyage agréable

Le titre de certaines rubriques est suivi de sa traduction en tchèque (en général au singulier). En outre, vous trouverez à la suite de plusieurs rubriques un choix d'expressions susceptibles de vous être utiles durant votre séjour. Des indications relatives à la prononciation figurent sous LANGUE.

AÉROPORT *(letiště).* Situé à moins de 20 kilomètres du centreville, l'aéroport de Prague-Ruzyně, base des Lignes aériennes tchécoslovaques (ČSA), est également desservi par une bonne vingtaine de compagnies étrangères. Ruzyně est d'autre part le point de transit obligé pour les personnes qui ont pour destination Bratislava, Brno ou d'autres aéroports moins importants.

L'aéroport de Prague comporte une banque, un bureau de logement, une poste, une agence de location de voitures, un café et un restaurant, sans oublier des boutiques hors taxes et des kiosques à souvenirs. Des chariots à bagages sont à votre disposition – et les porteurs ne manquent pas.

Transferts. Des dizaines de taxis attendent les passagers à leur arrivée. A côté des autobus publics, les bus spéciaux de ČSA relient Ruzyně et le terminal Vltava, sis près de la rivière (Revoluční 25); le service est assuré au moins toutes les demi-heures, jusqu'à 19 h. Enfin, un autre bus, exploité par ČSA et Čedok, dessert quatre fois par jour plusieurs hôtels parmi les plus importants.

Au départ. Pour connaître l'heure limite d'enregistrement, consultez l'agence ČSA ou votre compagnie aérienne. Si vous arrivez en avance à l'aéroport – ou si votre avion a du retard –, vous pourrez tuer le temps en prenant place sans bourse délier au cinéma aménagé dans le secteur transit; là, vous suivrez différents films d'intérêt touristique (en anglais) sur la Tchécoslovaquie.

D'où part le bus à destination du centre-ville/de l'aéroport?	**Odkud jede autobus do centra města/na letiště?**
Porteur!	**Nosič!**
Veuillez me porter ces valises au bus/taxi.	**Prosím, odneste tato zavazadla k autobusu/taxi.**

A **ARGENT**

Monnaie. L'unité monétaire est la *koruna* (couronne, en abrégé *Kčs*), divisée en 100 hellers *(hal.)*.

Pièces: 5, 10, 20, 50 hal.; 1, 2 et 5 Kčs.

Billets: 10, 20, 50, 100, 500 et 1000 Kčs.

Pour les prescriptions en matière de change et de devises, voir DOUANE ET FORMALITÉS D'ENTRÉE.

Bureaux de change *(směnárna)*. Installés aux frontières, à l'aéroport ainsi qu'en ville dans les banques, les agences de voyages et les hôtels, ils consentent aux touristes une bonification par rapport au cours officiel. Pour toute opération, vous devrez présenter votre passeport avec le visa et les documents de change.

A Prague, les changeurs à la sauvette écument le secteur touristique. On vous chuchotera de toute part à l'oreille le mot *Tauschen* («change» en allemand). Or, sachez-le, changer de l'argent en dehors des voies officielles n'est pas permis en Tchécoslovaquie.

Les bons émis par Tuzex, sorte de «monnaie parallèle», sont acceptés dans les omniprésentes boutiques appartenant à cette chaîne. Ces bons, qui existent en différentes valeurs, sont libellés en «koruna Tuzex» *(TK)*; on les acquiert à l'étranger, ainsi que dans certaines banques et divers bureaux de change pragois. L'ennui est que l'on ne peut pas reconvertir ces bons. Aussi préférez-leur devises fortes ou cartes de crédit, celles-ci étant acceptées dans les boutiques Tuzex.

Chèques de voyage. Vous pourrez les changer dans les banques et les bureaux de change. Ils sont également acceptés dans les boutiques Tuzex et les restaurants touristiques. Prenez votre passeport.

Cartes de crédit. Les cartes internationales les plus importantes sont honorées dans les magasins Tuzex, les bureaux de Čedok, les principaux hôtels et restaurants. Conservez tous vos reçus; peut-être aurez-vous à les produire à votre départ.

Je voudrais changer des francs belges/français/suisses/dollars canadiens.	**Chci vyměnit nějaké belgické/ francouzské/švýcarské franky/ kanadské dolary.**
Acceptez-vous les chèques de voyage?	**Berete (Přijímáte) cestovní šeky?**
Puis-je payer avec cette carte de crédit?	**Mohu platit touto úvěrovou kartou?**

B **BLANCHISSERIES et TEINTURERIES.** A l'hôtel, le plus simple est de confier votre linge à la femme de chambre. Mais vous avez avantage, financièrement parlant, à vous rendre dans une blanchisserie

(prádelna) ou une teinturerie *(čistírna)* voisine. Certains établisse- **B**
ments vous restitueront vos vêtements dans les vingt-quatre heures.
Encore plus expéditifs, d'autres pressings assurent un service minute.

Quand cela sera-t-il prêt?	**Kdy to bude hotovo?**
Il me le faut pour demain matin.	**Musím to mít na zítra ráno.**

CARTES et PLANS *(mapa; plán)*. Čedok distribue des plans de Pra- **C**
gue gratuits. Les kiosques à journaux vendent des plans plus détaillés.
On trouve d'autre part en librairie un plan officiel présenté en atlas
(81 pages) et complété par diverses cartes détaillées, un index des noms
de rues et une copieuse liste d'adresses utiles. La cartographie du présent guide a été préparée par Falk-Verlag, à Hambourg.

un plan de la ville   **plán města**

CIGARETTES, CIGARES, TABAC *(cigareta, doutník, tabák)*. Les
débits, reconnaissables à l'enseigne «Tabák», proposent d'habitude
un large éventail de cigarettes locales et importées, ainsi que de cigares – avec un échantillonnage des coûteuses marques cubaines – et de
tabacs pour la pipe.
   Dans les lieux publics, les restrictions relatives à l'usage du tabac se
révèlent de plus en plus courantes. Dans les trains, des compartiments
sont bien entendu réservés aux non-fumeurs, tandis que dans tous les
transports publics locaux, ainsi que dans les gares, il est carrément
interdit de fumer. Tout comme dans la plupart des restaurants entre
11 h et 14 heures.

Je voudrais un paquet de	**Prosím krabičku cigaret.**
cigarettes.	
avec/sans filtre	**s filtrem/bez filtru**
tabac blond/brun	**světlý tabák/tmavý tabák**
Une boîte d'allumettes, s.v.p.	**Prosím krabičku zápalek.**

COIFFEURS POUR DAMES ET MESSIEURS *(kadeřník; holič)*. La
traditionnelle séparation entre salons pour hommes et pour femmes
subsiste à Prague. Mais il arrive que les messieurs soient coiffés par
des dames! Il n'est d'ordinaire pas déplacé de laisser un pourboire.

shampooing et mise en plis	**umýt a natočit**
brushing/permanente	**foukaná/trvalá**
couleur	**přeliv**
Pas trop court.	**Ne moc krátké.**
Un peu plus court (ici).	**Trochu víc ubrat (tady).**

C CONDUIRE EN TCHÉCOSLOVAQUIE

Entrée en Tchécoslovaquie. Pour passer votre voiture, il vous faut:

- un permis de conduire national valide (plus un permis international pour les Canadiens)
- la carte grise (permis de circulation du véhicule)
- un formulaire, fourni en même temps que le visa
- la carte verte (police valable à l'étranger, dans laquelle la Tchécoslovaquie doit être expressément mentionnée)
- un indicatif de nationalité autocollant et un triangle de présignalisation
- une trousse de premiers secours

Si, d'autre part, le véhicule que vous conduisez ne vous appartient pas, vous devez présenter une autorisation écrite de son propriétaire.

Les touristes doivent acquérir à la frontière des **bons d'essence** *(poukázka na benzin)*. Il est, en effet, impossible d'acheter de l'essence à la pompe avec de l'argent. Mais les choses pouvant changer, renseignez-vous au besoin au moment d'organiser votre voyage.

Limitations de vitesse. La vitesse maximale est fixée à 110 km/h sur les routes principales, à 90 km/h sur les autres routes et à 60 km/h dans les localités. La police se montre assez stricte sur ce chapitre. Les amendes sont perçues sur-le-champ; demandez un reçu.

Règles et conditions de circulation. Comme (presque) partout, on roule à droite et l'on dépasse par la gauche. Que l'on roule en ville ou en dehors, le port de la ceinture est obligatoire. Là aussi, «Boire ou conduire, il faut choisir»; la présence d'alcool, même minime, dans le sang constitue un délit sérieux.

Entre les zones piétonnières, les sens uniques, les déviations et les grands chantiers (pour ne rien dire des restrictions de parcage), conduire à Prague relève pour le profane de la course d'obstacles. Cela signifie que seules les personnes qui ont tout leur temps et qui connaissent la ville à fond – tels les chauffeurs de taxi – se sentent à leur aise au volant. Au surplus, la situation empire aux heures de pointe, de 6 h à 8 h et de 15 h à 17 h. Aussi les touristes sont-ils invités à parquer leur véhicule en dehors du centre, puis à utiliser les transports en commun.

Pannes. Les mécaniciens motorisés d'Autoturist, les «anges jaunes» volent au secours des automobilistes en détresse. Il existe dans le pays vingt garages spécialisés, dont deux à Prague. Des téléphones d'urgence sont installés le long des grands axes; vous pouvez également appeler la police (N° 158).

Carburant et huile *(palivo; olej)*. La plupart des stations-service sont ouvertes de 6 h à 20 h ou 21 h. A Prague, on trouve également différents postes d'essence ouverts vingt-quatre heures sur vingt-quatre. Il existe quatre sortes de carburant: super (indice d'octane 96), normale (90), sans plomb (moins répandue) et gazole.

Stationnement. La municipalité pragoise s'efforce d'aménager en suffisance dans le centre, ou à proximité, des parcs à durée de stationnement différenciée. Dans les rues, des auxiliaires de police perçoivent un droit de parcage. Si vous laissiez votre voiture en stationnement interdit, vous risqueriez qu'elle soit enlevée. Vous devriez alors aller la récupérer à la fourrière, avec amende à la clef, et le pire, peut-être, est que ladite fourrière est située à 15 km du centre-ville.

Signalisation routière. Les panneaux sont pour la plupart conformes à la pratique internationale, mais certains portent des inscriptions. Quelques exemples à cet égard:

Jednosměrný provoz	Sens unique
Na silnici se pracuje	Travaux
Nebezpečí	Danger
Nevstupujte	Accès interdit
Objížďka	Déviation
Opatrně/Pozor	Attention
Pěší zóna	Zone piétonnière
Snížit rychlost (zpomalit)	Ralentir
Vchod	Entrée
Východ	Sortie

Le plein, s'il vous plaît.	**Plnou nádrž, prosím.**
super/normale/sans plomb/ gazole	**super/obyčejný/bezolovnatý/ nafta**
Veuillez contrôler l'huile/ les pneus/la batterie.	**Prosím, zkontrolujte mi olej/ pneumatiky/baterii.**
J'ai eu une panne.	**Mám poruchu.**
Il y a eu un accident.	**Stala se nehoda.**
Puis-je me garer ici?	**Mohu zde parkovat?**
Sommes-nous bien sur la route de...?	**Jedeme dobře do...?/(Vede tato silnice do...?)**

CONSULATS et AMBASSADES *(konzulát; vyslanectví, velvyslanectví)*. Pour trouver l'adresse et le numéro de téléphone de n'importe quelle représentation diplomatique à Prague, cherchez dans l'annuaire sous *Zastupitelské úřady*.

C Quelques adresses utiles:

Belgique	Valdštejnská 6, Prague 1; tél. 53 40 51 et 53 40 52
Canada	Mickiewiczova 6, Prague 6; tél. 32 69 41
France	Velkopřevorské nám. 2, Prague 1; tél. 53 30 42
Suisse	Pevnostní 7, Prague 6; tél. 32 83 19 et 32 04 06

D **DÉCALAGE HORAIRE.** La Tchécoslovaquie vit à l'heure d'Europ
centrale (GMT +1), et elle adopte l'heure d'été (GMT +2) de la fi
mars à la fin septembre. En été, quand il est midi à Prague – comme
Bruxelles, à Genève ou à Paris –, il n'est que 6 h du matin à Montréal

DÉLITS et VOLS. Si les actes de violence sont rares en ce pays, pa
rapport à ce qui se passe en Europe de l'Ouest, des vols peuvent tou
jours se produire. Aussi, verrouillez votre véhicule et déposez vo
objets de valeur dans le coffre de l'hôtel. Méfiez-vous des pickpocket
dans les lieux où il y a foule. D'un autre côté, ne vous mettez pas vous
même dans un mauvais cas: n'oubliez pas, par exemple, que le fait d
changer de l'argent au marché noir n'est pas autorisé en ce pays.

Je voudrais déclarer un vol.	**Chci ohlásit krádež.**
On m'a dérobé mon portefeuille/	**Ukradli mi náprsní tašku**
sac à main/passeport/billet.	**(peněženku)/kabelku/pas/lístek.**

DOUANE *(clo)* **et FORMALITÉS D'ENTRÉE.** Un voyage à Pragu
suppose une organisation préalable. Il vous faut d'abord un passepor
(valide pour cinq mois encore, au minimum) et un visa. Celui-c
n'étant délivré ni à la frontière (sauf à celle de Rozvadov, sur la rout
Nuremberg–Plzeň–Prague) ni à l'arrivée à l'aéroport, vous devre
vous adresser, avant le départ, à une ambassade ou à un consulat d
Tchécoslovaquie. A cet effet, il vous sera demandé, outre votre passe
port, un formulaire dûment rempli (disponible dans certaines agence
de voyages) et deux photos d'identité; un droit est également perçu
La validité du visa est d'ordinaire limitée à une visite, d'une durée d
trente jours au maximum.

Vous pouvez introduire librement dans le pays vos effets person
nels; cependant, les appareils photo et les caméras de prix, ainsi que le
autres objets de valeur, devraient être déclarés. De même, les cadeau
– en quantité et de valeur raisonnables – sont admis en franchise
A côté des habituelles interdictions touchant l'entrée de drogue o
114 d'armes à feu, l'importation de publications ou de livres pornogra

phiques n'est pas autorisée. Le tableau ci-après indique les quantités que vous avez le droit d'importer en franchise en Tchécoslovaquie, puis au retour dans votre pays:

Entrée	Cigarettes		Cigares		Tabac	Alcool		Vin
Tchéco-slovaquie	250		(ou quantité similaire)			1 l	et	2 l
Belgique	200	ou	50	ou	250 g	1 l	et	2 l
Canada	200	et	50	et	900 g	1,1 l	ou	1,1 l
France	200	ou	50	ou	250 g	1 l	et	2 l
Suisse	200	ou	50	ou	250 g	1 l	et	2 l

A la sortie du pays, le montant des achats que vous êtes autorisé à emporter est strictement limité à 500 Kčs, sauf s'il s'agit d'achats réglés en devises fortes dans les magasins Tuzex ou avec une carte de crédit. Alors, conservez vos reçus! Est également prohibée – là encore, s'il ne s'agit pas d'articles acquis chez Tuzex – l'exportation d'antiquités, de nombreuses denrées alimentaires, de fourrures, de chaussures, de vêtements d'enfant.

Restrictions de change. L'importation de devises en Tchécoslovaquie est libre. Il est en revanche interdit d'importer ou d'exporter des couronnes tchécoslovaques.

A votre descente d'avion, vous êtes *tenu* de passer d'abord à la banque pour y changer un peu d'argent contre des couronnes, faute de quoi vous ne pourriez subir le contrôle de police. En général, on demande aux étrangers de changer l'équivalent de 30 DM par jour (15 DM par enfant de 6 à 15 ans) au taux de change de base. Ce taux de change est doublé – en votre faveur – pour tout montant supérieur. Ce règlement ne s'applique toutefois pas aux détenteurs de «vouchers». (Ces coupons, qui attestent que leur titulaire a déjà acquitté les prestations hôtelières, peuvent être obtenus dans les agences de voyages.)

Formalités de police. Avant de prendre possession de votre chambre, à l'hôtel, vous devrez déposer votre passeport, le temps que la police procède aux formalités d'enregistrement. Peut-être vos papiers ne vous seront-ils pas restitués avant le lendemain. Le cas échéant, n'ou-

D bliez pas de les réclamer. Quant aux personnes logeant chez des particuliers, elles ont quarante-huit heures pour se présenter au bureau de la Sécurité publique (Olšanská 2, Prague 3).

Je n'ai rien à déclarer.	**Nemám nic k proclení.**
C'est pour mon usage personnel.	**To mám pro osobní potřebu.**

E **EAU.** L'eau du robinet est parfaitement potable à Prague. Cela dit, les eaux minérales tchécoslovaques sont pleines de vertus!

Je voudrais une bouteille d'eau minérale.	**Prosím láhev minerálky.**
gazeuse/plate	**sodovku přírodní/minerálku**

G **GUIDES et EXCURSIONS.** Čedok propose toute une gamme d'excursions de durée variable, sous la conduite de guides polyglottes, depuis la tour d'orientation à Prague, en quelque 3 heures, jusqu'aux grandes excursions à travers tout le pays. D'autre part, cette agence est en mesure de vous procurer un guide-interprète personnel. Certains hôtels peuvent, tout comme Čedok, fournir aux hommes d'affaires des traducteurs ou des interprètes qualifiés.

H **HABILLEMENT.** En été, prévoyez des vêtements légers, avec une jaquette ou une veste et un pull pour le soir. En hiver, le froid étant assez rude, vous aurez besoin d'un manteau et de grosses chaussures. Prenez aussi un imperméable, utile en toute saison.

Si le complet-veston strict conserve la faveur des milieux d'affaires, une tenue décontractée convient dans la plupart des cas. Bien sûr, un peu de fla-fla ne messied pas, le soir, surtout pour aller au théâtre ou à l'opéra. Ajoutons que les lieux publics disposent de vastes vestiaires. Ici, sont catalogués comme «incultes» *(nekulturní)* les gens qui entrent dans un restaurant ou un théâtre sans s'être débarrassés de leur chapeau et de leur manteau. Certains établissements insistent, d'ailleurs, pour que les manteaux soient remis au vestiaire.

HEURES D'OUVERTURE. La journée de travail commence tôt, à Prague: les magasins d'alimentation ouvrent dès 6 h pour ne fermer souvent qu'à 18 h. Les grands magasins et certains autres commerces sont ouverts de 8 h à 19 h. Le midi, les petites boutiques ferment assez longtemps, alors que les grandes surfaces restent ouvertes. La plupart des commerces ouvrent le samedi matin. Bien entendu, le dimanche, presque tout est fermé.

Les banques sont ouvertes de 8 h à midi et de 13 h à 17 h du lundi au vendredi. Les musées, eux, tendent à être ouverts de 9 h ou 10 h à 17 h ou 18 h tous les jours sauf le lundi. **H**

JOURNAUX et MAGAZINES *(noviny; časopis)*. Si vous lisez l'allemand, l'hebdomadaire *Neue Prager Presse,* disponible gratuitement dans les hôtels et les bureaux de Čedok, vous donnera un aperçu des événements culturels, touristiques et télévisuels. A côté de cela, les publications étrangères ne sont disponibles qu'en quantité limitée dans les hôtels et dans un magasin d'Etat spécialisé, le Zahraniční časopisy, situé au N° 5 de la Jungmannova, Prague 1. Par ailleurs, sachez que les kiosques à journaux portent le sigle PNS (*Poštovní novinová služba,* Office de diffusion de la presse). **J**

JOURS FÉRIÉS

1er janvier	*Nový rok*	Nouvel an
1er mai	*Svátek práce*	Fête du travail
9 mai	*Vítězství nad fašismem*	Jour de la victoire sur le fascisme
5 juillet	*Slovanští věrozvěsti sv. Cyril a Metoděj*	Saint-Cyrille et Saint-Méthode
28 octobre	*První československá republika*	Première république tchèque
24 décembre	*Štědrý den*	Veille de Noël
25/26 décembre	*Svátek vánoční*	Noël/lendemain de Noël
Fête mobile:	*Velikonoční pondělí*	Lundi de Pâques

LANGUE. Les langues nationales sont le tchèque et le slovaque; quant aux idiomes les plus fréquemment étudiés, ce sont l'anglais, l'allemand et le russe. En tout cas, si vous n'entendez rien aux langues slaves, quelques notions d'allemand vous seraient bien utiles. Pour la plupart des Pragois, en effet, l'allemand est un idiome universel, et ils l'utilisent pour s'adresser aux étrangers – ainsi les chauffeurs de taxi ou les serveurs. Dans les établissements liés au tourisme, on s'exprime aussi volontiers en anglais, langue très prisée d'ailleurs par les jeunes. **L**

L

L'alphabet tchèque ne comporte pas moins de 33 lettres. Par exemple, le *c* et le *č* comptent pour deux lettres distinctes. Quelques indications relatives à la prononciation des sons les plus difficiles:

Le *ť* se prononce à peu près comme le *ti* de «tiède», le *ň* ainsi que le *gn* de «cognac», le *š* comme le *ch* de «chat», le *ž* à la manière du *j* de «jeu», le *c* comme le *ts* de «tsé-tsé», le *č* comme le *tch* de «tchèque»; en outre, le *ch* ressemble au *h* de «haricot», le *j* au *y* de «yacht», et le *ř* combine les sons *r* et *ch*, comme dans «perche».

Parlez-vous français?	**Mluvíte francouzsky?**
Je ne parle pas le tchèque.	**Nemluvím česky.**
Bonjour (matin/après-midi)	**Dobré jitro/Dobré odpoledne**
Bonsoir/Bonne nuit	**Dobrý večer/Dobrou noc**
S'il vous plaît/Merci	**Prosím/Děkuji Vám**
Merci beaucoup	**Velice Vám děkuji**

LOCATION DE VOITURES *(půjčovna aut).* Voir aussi CONDUIRE EN TCHÉCOSLOVAQUIE. A Prague, vous n'avez pas l'embarras du choix: l'entreprise Pragocar représente à la fois Avis, Budget, Europcar, Hertz et InterRent. Son bureau pour les réservations internationales est sis à Štěpánská 42, Prague 1; tél. 23 52 809 ou 23 52 825. Pragocar a ouvert une agence à l'aéroport et à l'hôtel Inter-Continental.

L'entreprise précitée propose un large éventail de modèles tchécoslovaques et étrangers, populaires ou luxueux. Vous avez le choix entre un tarif standard, à l'heure ou à la journée, et un tarif «kilométrage illimité» incluant l'assurance au tiers. Les conditions de location – comme la paperasserie – sont sensiblement les mêmes qu'ailleurs, et c'est la carte de crédit qui représente le moyen de paiement le plus commode. Rappelons qu'en ce pays la loi interdit à quiconque aurait bu, si peu que ce soit, de prendre le volant.

Je voudrais louer une voiture.	**Chtěl bych si půjčit auto.**
grande/petite	**velké/malé**
pour une journée/semaine	**na jeden den/týden**
Veuillez inclure l'assurance tous risques.	**Prosím, započítejte plné pojištění.**

LOGEMENT. Les hôtels font l'objet d'une classification officielle – des établissements «A* de luxe» aux très modestes «C» en passant par «A*», «B*» et «B» –, en fonction du niveau et de l'étendue de leurs prestations. (Il arrive que cette échelle soit symbolisée par des étoiles: de 5 pour les palaces à 1 pour les établissements les plus simples.) Pour mériter de figurer en catégorie «A* de luxe», un hôtel doit offrir, outre des chambres magnifiques, tous les raffinements recherchés par les hommes d'affaires internationaux, du genre services de secrétariat et de traduction, salle de culture physique, boutiques, bars et restaurants. Si vous vous contentez d'hôtels «A*» ou «B*», vous serez tout aussi bien traité, et certains établissements moins bien pourvus d'étoiles l'emportent sur les somptueux palaces modernes par le charme de leur architecture et l'empressement de leur personnel. Cependant, les hôtels «C» se révèlent vraiment spartiates.

Les forfaits incluent d'ordinaire le petit déjeuner et le dîner, sinon la pension complète, mais il arrive que les prestations fournies se limitent au seul petit déjeuner.

Comme les principaux hôtels sont souvent complets, vous auriez intérêt à effectuer vos réservations suffisamment tôt. Rares, en effet, sont les périodes relativement creuses, par exemple au fort de l'hiver, lorsque les tarifs de groupes sont abaissés afin de stimuler la demande. Si vous arrivez sans avoir retenu, rendez-vous à la centrale de réservations de Čedok, Panská 5, Prague 1; ou au bureau de Pragotur, U Obecního domu 2, Prague 1 (en face de l'hôtel Paříž).

Botels. Il s'agit de péniches transformées qui offrent, par rapport aux hôtels classiques, une variante intéressante. A Prague, trois de ces hôtels flottants – assimilés à des établissements trois-étoiles sur le plan des aménagements – sont amarrés en permanence sur les berges de la Vltava.

Campings. Installés dans divers secteurs proches du centre, tels Troja et Braník, ils sont la providence des vacanciers obligés de compter. Tout luxe en est banni et le niveau des prestations peut être, au mieux, considéré comme quelconque. Pour vos réservations, passez au secrétariat de Pragotur, U Obecního domu 2, Prague 1.

Je voudrais une chambre pour une personne/deux personnes.	**Chtěl bych jednolůžkový pokoj/dvoulůžkový pokoj.**
avec bains/douche	**s koupelnou/se sprchou**
Quel est le tarif pour une nuit?	**Kolik stojí na den?**

OBJETS TROUVÉS. Voici l'adresse du Bureau des objets trouvés *(Ztráty a nálezy)*: Bolzanova 5, Prague 1; tél. 23 68 887. Un service distinct recueille les documents égarés: Olšanská 2, Prague 3; tél. 24 51 84.

J'ai perdu mon passeport/ portefeuille/sac à main.	**Ztratil jsem pas/náprsní tašku (peněženku)/kabelku.**

O **OFFICES DU TOURISME.** Pour recevoir brochures touristiques et informations d'ordre général ou particulier, adressez-vous à Čedok, l'agence de voyages la plus ancienne et la plus importante de Tchécoslovaquie. Quelques adresses de Čedok à l'étranger:

Belgique	Rue d'Assaut 19, 1000 Bruxelles; tél. 51 68 70 et 51 16 24 7
Canada	S'adresser au 10 East 40th Street, New York, N.Y. 10016; tél. (212) 689-9720
France	32, avenue de l'Opéra, 75002 Paris; tél. 47 42 87 73, 47 42 38 45 et 47 42 18 11
Suisse	Uraniastrasse 34, 8001 Zurich; tél. (01) 211 42 45 et 211 49 42

Sur place, la Direction du tourisme étranger de Čedok est à votre disposition aux adresses suivantes: Na příkopě 18, Prague 1, tél. 212 71 11; rue Bílkova 6, Prague 1, tél. 23 18 255; place Venceslas 24, tél. 23 56 356.

Vous pouvez également vous adresser au Service d'information de Prague: Na příkopě 20, tél. 54 44 44, ou vous rendre au métro Hradčanská, tél. 32 29 17.

Où est l'office du tourisme?   **Kde je cestovní kancelář?**

P **PHOTOGRAPHIE.** Les films, de même que le développement express, sont assez chers. On trouve la plupart du temps des pellicules de fabrication locale (Foma) ou est-allemande (Orwo). Ne vous aventurez pas à filmer ou à photographier des endroits près desquels des panneaux indiquent clairement que les prises de vue sont interdites.

Puis-je prendre une photo?   **Smím fotografovat?**

POLICE *(policie)*. Les agents arborent un uniforme gris olivâtre de style militaire en hiver et une vareuse blanche en été. Les patrouilleurs circulent à bord de véhicules jaune et blanc portant sur les côtés les lettres VB (*Veřejná bezpečnost,* Sécurité publique).
La police a son siège à Konviktská 14, Staré Město, Prague 1.
Numéro de téléphone (urgences uniquement): 158.

Où est le poste de police   **Kde je nejbližší oddělení**
120 le plus proche?   **Veřejné bezpečnosti?**

POSTES et TÉLÉCOMMUNICATIONS

Bureaux de poste *(pošta)*. Ils s'occupent du courrier, des télégrammes, des télex et sont équipés de cabines téléphoniques. Quant aux timbres, vous pouvez également en trouver chez les marchands de cartes postales. Les boîtes aux lettres sont, soit orange sur le devant et bleues sur les côtés, là où sont les fentes, soit (pour les plus modernes) jaunes avec deux fentes sur le devant, en haut de la boîte. Le courrier pour l'Europe de l'Ouest met de trois à cinq jours pour parvenir à destination (comptez de sept à dix jours pour l'Amérique du Nord). Sise dans un édifice historique (Jindřišská 14, Prague 1), la poste principale est ouverte vingt-quatre heures sur vingt-quatre. A l'ère du stylo bille, ce sont toujours des plumes et de l'encre qui sont mises à la disposition de la clientèle...

Poste restante. Si vous projetez de séjourner assez longtemps à Prague sans savoir au juste où vous descendrez, faites-vous donc expédier votre courrier en *poste restante* (en... tchèque dans le texte!); vous pourrez le retirer à la grande poste, sur présentation de votre passeport.

Télégrammes *(telegram)*. Vous avez la possibilité de les déposer dans un bureau de poste, voire, dans la plupart des cas, à l'hôtel.

Télex. Un service est assuré à la grande poste ainsi que dans les principaux hôtels.

Téléphone *(telefon)*. On trouve des combinés fonctionnant avec des pièces dans les rues, les stations de métro – c'est là que les cabines sont le moins souvent en dérangement –, ainsi qu'en divers lieux publics. Il existe deux types principaux de téléphones: l'installation la plus simple, conçue pour les communications locales uniquement, et l'autre modèle, très volumineux et complexe, utilisable à la fois pour les appels locaux et internationaux (ayez toujours une provision de pièces sous la main). Dans chaque cas, vous devez introduire des pièces d'une couronne, mais si la caisse se trouve soudain pleine, votre pièce sera rejetée dans la sébile au moment crucial... et la communication interrompue. Aussi auriez-vous intérêt, pour tout appel à destination de l'étranger, à téléphoner d'une poste ou de votre hôtel.

exprès/recommandé/par avion	**expres/doporučeně/letecky**
Je voudrais un timbre pour cette lettre/carte postale, s.v.p.	**Prosím známku na tento dopis/lístek.**
Je désire envoyer un télégramme.	**Chci poslat telegram.**
Pouvez-vous me donner ce numéro à...?	**Můžete mne spojit s tímto telefonním číslem v...?**

P **POURBOIRES.** Si délicat que soit le sujet, pour d'évidentes raisons idéologiques, la plupart des gens qui ont affaire aux touristes ne dédaignent nullement un petit pourboire. Quelques suggestions:

Portier	5 Kčs (pour un taxi)
Bagagiste	5 Kčs (par bagage)
Femme de chambre	20 Kčs (par semaine)
Préposée aux lavabos	1 Kčs
Préposée au vestiaire	1 Kčs
Serveur	10%
Chauffeur de taxi	10%
Coiffeur (dames, messieurs)	10%
Guide	20 Kčs
Ouvreuse (au théâtre)	1–2 Kčs (si vous achetez le programme)

Gardez la monnaie. **Ponechte si drobné.**

R **RADIO et TÉLÉVISION** *(rozhlas; televize).* Prague possède trois chaînes de radio, dont l'une (Radio Inter) diffuse toutes les heures cinq minutes de nouvelles en français et en diverses autres langues (anglais, allemand, russe). Il existe d'autre part trois chaînes de télévision, qui émettent la plupart du temps en couleurs: la première, qui fonctionne depuis le matin de bonne heure jusqu'aux environs de minuit, est reçue dans tout le pays; la seconde propose des programmes d'intérêt régional; la troisième, enfin, retransmet entre 16 et 23 h des programmes en v.o. lancés par satellite. Les films étrangers sont presque toujours doublés plutôt que sous-titrés.

RÉCLAMATIONS *(stížnost).* Si vous estimez avoir été mal servi ou «estampé», exigez réparation sur-le-champ. Parlez-en poliment, mais franchement, au responsable de l'établissement incriminé et, s'il ne fait pas droit à votre requête, demandez à consigner votre grief dans le livre des réclamations *(kniha přání a stížností),* registre que chaque entreprise doit tenir à la disposition de sa clientèle. Menacer de recourir à une telle procédure – source de complications administratives – **122** suffit d'ordinaire pour obtenir gain de cause.

SANTÉ et SOINS MÉDICAUX. Les soins d'urgence sont prodigués gratuitement aux touristes étrangers; tout traitement ultérieur s'avère payant, sauf pour les ressortissants des pays qui ont conclu en la matière un accord de réciprocité avec la Tchécoslovaquie. Il existe une clinique pour étrangers à Palackého 5, Prague 1. Composez le N° 155 pour toute assistance médicale urgente, le 333 pour faire venir une ambulance. En cas de problème dentaire, rendez-vous à Vladislavova 22, Prague 1.

Certaines pharmacies *(lékárna)* restent ouvertes en dehors des heures habituelles; les adresses y relatives figurent à la porte de chaque officine. Si vous suivez un traitement, emportez par prudence une provision suffisante de médicaments, pour le cas où leurs équivalents ne seraient pas disponibles en Tchécoslovaquie.

J'ai besoin d'un médecin/dentiste.	**Potřebuji lékaře/zubaře.**
Où est la pharmacie la plus proche?	**Kde je nejbližší lékárna?**
J'ai mal ici.	**Bolí mne tady.**
des maux de tête/d'estomac	**bolest hlavy/žaludku**
de la fièvre/un rhume	**teplota (horečka)/rýma**

SAVOIR-VIVRE. Le baisemain est passé de mode à Prague, mais les bonnes vieilles manières ont toujours cours. Pas de rencontre, de discussion d'affaires ou autre qui ne commence et ne se conclue par des poignées de main à la ronde. Pour les rendez-vous d'affaires, la ponctualité est très prisée. Si vous êtes invité chez quelqu'un, sachez qu'il est de bon ton d'apporter un bouquet de fleurs ou une bonne bouteille.

SERVICES RELIGIEUX. Prague, dont la population est pour l'essentiel catholique, compte nombre d'églises. A l'entrée de chacune d'elles est affiché l'horaire des offices; aucun service n'est célébré en langue étrangère. Quelques synagogues d'intérêt historique sont également ouvertes.

TOILETTES. Utilisez de préférence les commodités des hôtels, des restaurants et des stations de métro. Elles sont souvent indiquées par des pictogrammes ou les lettres WC, sinon par des inscriptions: *ženy* ou *dámy* (dames), *muži* ou *páni* (messieurs).

Où sont les toilettes?	**Kde jsou toalety?**

Métro. Ce dernier, orgueil des Pragois, se révèle propre, clair, rapide et bon marché. Il existe même des panneaux qui affichent le temps écoulé depuis le passage de la dernière rame! Même si vous n'avez pas besoin de vous déplacer en métro, il vaut la peine de l'essayer pour le plaisir. Le service est assuré de 5 h à minuit.

Les stations sont explicitement indiquées par le symbole «M» orné d'une pointe de flèche dirigée vers le bas. Prenez d'abord votre ticket à l'un des distributeurs, dans le hall de chaque station, puis validez-le: des composteurs sont installés en haut des escaliers mécaniques. La modique somme engagée vous permettra de voyager à loisir sur les trois lignes pendant 1 h 30; les correspondances sont gratuites. Vous avez également la possibilité d'acquérir une carte valable vingt-quatre heures durant sur l'ensemble du réseau des transports en commun pragois.

Des plans du métro sont affichés dans les stations et les voitures. Une voix enregistrée annonce, à bord des rames, le nom des stations.

Trams. Très étendu, le réseau de trams *(tramvay* ou *elektrika)* fournit un moyen de transport bon marché tant en ville qu'aux alentours. Des plans, apposés à chaque arrêt, indiquent les lignes et les horaires (ceux-ci semblent parfois purement théoriques). Vous vous procurerez des tickets dans les kiosques à journaux ou aux distributeurs automatiques installés dans les stations. Comme il n'y a pas de contrôleurs dans les trams, vous devrez, en montant, valider votre titre de transport aux composteurs placés près des portes. Les correspondances ne sont pas gratuites, et un nouveau ticket est requis pour changer de ligne. Certains trams circulent toute la nuit, mais les intervalles sont longs.

Autobus. Les lignes de trams desservant toute l'agglomération, les bus *(autobus)* sont en général affectés à des trajets plus longs. Les itinéraires sont affichés aux différents arrêts. Les tickets valables pour le métro et les trams sont également utilisables sur les parcours locaux des bus; là encore, vous validerez à bord votre titre de transport. Quelques lignes sont desservies la nuit.

Les principales villes du pays sont reliées par des services de cars. Pour toute information sur les horaires, composez les Nos 22 14 45, 22 86 42 ou 22 14 40.

Taxis. Vous trouverez des files de taxis à proximité des hôtels, des grands magasins, des gares. Pour un radio-taxi, téléphonez au N° 20 39 41 ou 20 29 51. Le tarif indiqué au compteur ne comprend pas d'éventuels suppléments, en particulier pour les bagages et pour toute course hors du périmètre urbain.

Trains. Le réseau ferroviaire, très développé, dessert le pays tout entier. Les trains, qui comportent des premières et des secondes, sont en général confortables, mais pas toujours ponctuels ni très propres. Comme ils s'avèrent souvent bondés, il est prudent de louer sa place. A noter qu'il est plus pratique de partir de la vaste Gare principale *(Praha-Hlavní nádraží)*, qui a été modernisée, que de la gare Masaryk *(Masarykovo nadraží)*, autrefois dénommée Gare centrale. Pour toute information sur les correspondances, composez le N° 26 49 30 ou le 23 64 441.

Je voudrais un billet pour...	**Prosím jízdenku do...**
aller/aller et retour	**jednoduchou/zpáteční**
Pouvez-vous me dire quand je dois descendre?	**Prosím, povíte mi kde mám vystoupit?**

URGENCES. Voici quelques numéros qu'il est possible d'appeler à n'importe quelle heure du jour ou de la nuit:

Police	158
Pompiers	150
Premiers secours	155
Ambulance	37 33 33

Attention!/Au secours!	**Opatrně!/Pomoc!**
Au feu!/Au voleur!	**Hoří!/Chyťte zloděje!**

QUELQUES EXPRESSIONS UTILES

oui/non	**ano/ne**
s'il vous plaît/merci	**prosím/děkuji**
excusez-moi/je vous en prie	**promiňte/poslužte si (rádo se stalo)**
où/quand/comment	**kde (kam)/kdy/jak**
dans combien de temps/	**jak dlouho/**
à quelle distance	**jak daleko**
hier/aujourd'hui/demain	**včera/dnes/zítra**
jour/semaine/mois/année	**den/týden/měsíc/rok**
à gauche/à droite	**levý/pravý (vlevo/vpravo)**
en haut/en bas	**nahoru/dolů (nahoře/dole)**
bon/mauvais	**dobrý/špatný**
grand/petit	**velký/malý**
cher/bon marché	**levný/drahý**
ancien/nouveau	**starý/nový**
vieux/jeune	**starý/mladý**
chaud/froid	**horký/studený**
ouvert/fermé	**otevřeno/zavřeno**
libre/occupé	**volný/obsazený**
proche/éloigné	**blízko/daleko**
tôt/tard	**brzy/pozdě**
Garçon/Mademoiselle!	**Pane/Paní vrchní, prosím.**
Je voudrais…	**Chtěl bych… (Prosím…)**
Combien est-ce?	**Co to stojí?**
Je ne comprends pas.	**Nerozumím.**
Ecrivez-le-moi, s'il vous plaît.	**Napište mi to prosím.**
lundi/mardi/mercredi	**pondělí/úterý/středa**
jeudi/vendredi	**čtvrtek/pátek**
samedi/dimanche	**sobota/neděle**

Index

Les numéros suivis d'un astérisque (*) renvoient à une carte ou à un plan. Lorsqu'un nom est cité à plusieurs reprises dans le présent guide, la référence principale apparaît en **mi-gras** dans l'index.

Le sommaire des *Informations pratiques,* enfin, figure à l'intérieur de la page de couverture, en début de guide.

029/008 MUD 36